JOSTEIN GAARDER

Ist es nicht ein Wunder, dass es uns gibt?

EINE LEBENSPHILOSOPHIE

Aus dem Norwegischen
von Gabriele Haefs

Hanser

Die norwegische Originalausgabe erschien 2021 unter dem Titel
Det er vi som er her nå bei Kagge Forlag, Oslo.

Die deutsche Ausgabe wurde
finanziell gefördert durch NORLA

1. Auflage 2023

ISBN 978-3-446-27714-4

Umschlag: formlabor, Hamburg
Illustration: Quint Buchholz
Satz im Verlag
Druck und Bindung: CPI books GmbH, Leck
Printed in Germany

MIX
Papier | Fördert gute Waldnutzung
FSC® C083411

INHALT

Mein besonders herzlicher Dank gilt Anne Sverdrup-Thygesen, Dag O. Hessen und Øystein Elgarøy, die bereitwillig das Manuskript zu diesem Buch gelesen und kluge, humorvolle und kenntnisreiche Kommentare beigesteuert haben.

J. G.

VORWORT

Leo, Aurora, Noah, Alba, Julia und Máni,
ihr Lieben alle!

Jetzt habe ich mich vor den Computer gesetzt, um euch einen Brief zu schreiben, und dabei kitzelt es mich ein bisschen im Bauch. Es kommt mir seltsam vor, auf diese Weise mit euch in Kontakt zu treten.

Ich habe nämlich vor, aus diesem Brief an euch ein kleines Buch zu machen, das auch andere Menschen lesen können. Ein solcher Text, der für alle zugänglich ist, obwohl er sich eigentlich an einen bestimmten Menschen richtet, wird auch ein »offener Brief« genannt.

Ihr werdet ihn also nicht lesen können, ehe er gedruckt ist. Aber das wird euch nicht weiter stören, denn ich werde euch nichts von diesem Buch erzählen, solange es nicht in einem Verlag veröffentlicht ist. Ich freue mich darauf, es jeder und jedem von euch in die Hände zu drücken, und ich kann mir vorstellen, dass es ein feierlicher Augenblick sein wird, für euch und für mich. Entweder könnt ihr diesen Brief dann jeweils allein entgegennehmen, oder wir machen ein großes Fest daraus.

Ich schreibe nicht zum ersten Mal so einen literarischen Brief. Mehrere meiner Bücher hatten diese Form, aber sie waren an Personen gerichtet, die ich mir ausgedacht hatte.

Die einzige Ausnahme war der Brief einer Frau – und es hat mir Spaß gemacht, mich in diese Rolle zu versetzen – an einen berühmten Bischof und »Kirchenvater«, der vor sechzehnhundert Jahren in Nordafrika gelebt hat. Ich wollte dieser Frau sozusagen eine Stimme geben. Sie war eine reale Person, die wir aus den *Bekenntnissen* des Bischofs kennen, aber wir wissen über sie eigentlich nur, dass dieser Mann sie eines Tages nach langjährigem Zusammenleben einfach vor die Tür setzte. Wir kennen nicht einmal ihren Namen, in meinem Buch *Das Leben ist kurz* habe ich sie Floria Aemilia genannt.

Der Bischof konnte diesen Brief von Floria natürlich niemals lesen, aber ich wollte seinen heutigen Anhängern diese Chance geben, und es könnte ja durchaus sein, dass Augustinus, so hieß er, wirklich einen Brief von dieser unglücklichen Frau bekommen hat, die er einmal so sehr geliebt hatte. Der Kirchenvater aber hatte beschlossen, auf ein ewiges Leben im Jenseits zu setzen statt auf die Liebe zu einer Frau im diesseitigen Leben. Er vertrat nämlich die Ansicht, das eine könne ein Hindernis für das andere sein.

Für uns ist die Beobachtung wichtig, dass er so viel von seinem Leben in dieser Welt für seine Vorstellungen von einer *anderen* Welt geopfert hat. Diese Problematik ist auch nach über sechzehnhundert Jahren noch aktuell, und dieses Buch hier wird unter anderem von solchen lebensphilosophischen Fragen handeln.

Es ist eine ganz neue Erfahrung für mich, an junge Menschen zu schreiben, die heute leben und die ich gut kenne. Während ich diesen offenen Brief schreibe, seid ihr, drei Mädchen und drei Jungen, zwischen ein paar Wochen und fast achtzehn Jahren alt. Aber ihr habt eine Gemeinsamkeit – nein, nicht nur, dass ich euer Großvater bin –, ich denke an etwas anderes und viel Wichtigeres: Ihr wurdet alle im 21. Jahrhundert geboren. Ihr werdet, zumindest die meisten von euch, dieses ganze Jahrhundert durchleben, ehe ihr in euren alten Tagen hoffentlich noch einen Blick ins 22. Jahrhundert werfen könnt.

Ich selbst wurde mitten im 20. Jahrhundert geboren. Also muss ich in diesem Buch einen Bogen über mehr als hundertfünfzig Jahre schlagen. Ich würde, ohne zu zögern, behaupten, dass diese hundertfünfzig Jahre zu den entscheidenden Jahren in der Geschichte der Menschheit und damit auch in der Geschichte unseres Planeten gehören könnten.

Ich habe euch etwas zu erzählen, und ich habe ein kleines Bündel an Themen, das ich euch gern vorlegen möchte. Es sind verschiedene Blickwinkel auf das Leben, auf die menschliche Zivilisation und auf unseren eigenen verletzlichen Planeten im Weltraum. Ich werde versuchen, mich jeweils auf ein klar umrissenes Thema zu konzentrieren, aber ich möchte das Ganze auch als eine mehr oder weniger zusammenhängende Überlegung darstellen. Unterwegs werde ich euch gelegentlich Fragen stellen. Bei manchen werde ich selbst die Antwort nicht mehr erfahren. Wenn ihr diesen Brief gegen Ende des 21. Jahrhunderts (noch einmal!) lest, werdet ihr viele dieser Antworten kennen. Aber versucht nicht, mir zu schreiben. Die Antworten würden mich so wenig erreichen, wie Florias Brief den Bischof Augustinus erreichen konnte.

Man kann sich sehr gut an die eigenen Nachkommen oder an zukünftige Generationen wenden. Doch die, die nach uns kommen, werden uns keine Antwort mehr zurufen können.

Ich will euch gleich ein Beispiel dafür geben, was ich meine.

Wie wird die Welt gegen Ende des 21. Jahrhunderts aussehen?

Es lohnt sich sicher, diese Frage jetzt schon zu stellen – je eher, desto besser –, denn obwohl heute niemand die Antwort kennt, liegt es an uns, die wir jetzt leben, die Welt am Ende des 21. Jahrhunderts zu *erschaffen.* Na ja, das ist vielleicht eine ziemlich hochgestochene Formulierung, hochgestochener geht es kaum. Aber ihr versteht sicher, was ich meine, und dort, weit in der Zukunft, wird euch klar werden, warum ich mich so und nicht anders ausgedrückt habe.

Die Jüngsten von euch müssen ja noch ein paar Jahre warten, ehe sie lesen können, was ich hier schreibe. Ich wende mich heute also an meine erwachsenen Enkelkinder, und mit erwachsen meine ich so ungefähr sechzehn, siebzehn. Aurora und Leo sind schon alt genug, um mich auf meinem Gedankenflug zu begleiten, jedenfalls ein großes Stück weit. (Ab und zu werdet ihr allerdings etwas im Internet nachsehen müssen, denn ohne einige ungewohnte Wörter und Begriffe wird es nicht abgehen.) Ich hoffe aber, dass dieses Buch auch mehrmals gelesen werden kann, wenn ihr älter werdet und mehr Lebenserfahrung habt. Deshalb schreibe ich genauso an Noah,

Alba und Julia. Und an dich, kleiner Máni. Willkommen auf der Welt! Beim Schreiben habe ich euch alle vor Augen.

Ich habe sechs junge Gesichter vor mir, denen ich etwas sagen möchte. Was für eine Gelegenheit, was für ein Privileg! Sechs junge Weltbürger und Weltbürgerinnen!

EINE ZAUBERWELT

Ich bin in einer Gegend aufgewachsen, die einmal ein funkelnagelneuer Vorort von Oslo war. Tonsenhagen heißt dieser Stadtteil, und ich bin mit drei oder vier Jahren dort hingezogen. Etwa zehn Jahre habe ich dort gewohnt, und aus diesen Kindertagen in der Satellitenstadt habe ich eine Reihe klarer, aber unzusammenhängender Bilder behalten, die wie aus der Tiefe eines dunklen Kaleidoskops aufsteigen.

Eines dieser Fragmente werde ich euch jetzt zeigen, es ist eine meiner deutlichsten Erinnerungen.

Einmal, mitten am Tag, vielleicht war es ein Sonntag, sah ich wie in einem Schock die Welt sozusagen zum ersten Mal. Es war, als hätte ich die Augen in einer Zauberwelt aufgeschlagen. Der Gesang der Vögel klang plötzlich wie Flöten und Glas. Auf den Straßen spielten die Kinder auf eine fast verklärte Weise. Alles war Märchen, Wunder. Und hier war ich. Ich befand mich auf der Innenseite eines tiefen, ergreifenden Geheimnisses, in einem Rätsel, das niemand lösen konnte, war darin eingekapselt, als hätte ich mich in eine andere Wirklichkeit verirrt, in eine andere Blase, ein bisschen wie bei Schneewittchen oder Aschenputtel. Rapunzel. Rotkäppchen.

Der Zauber war nur von sehr kurzer Dauer, aber der süße Schock steckte mir noch lange in den Knochen, und er hat mich seither nie mehr ganz losgelassen.

Innerhalb dieser wenigen Sekunden wusste ich zum ersten Mal, dass ich sterben würde. Das war der Preis dafür, dass ich auf der Welt war.

Ich befand mich hier in einem Märchen, und das war ein wunderbares Gefühl, wie die Erfüllung eines unmöglichen Wunsches. Aber auf dieser Welt war ich nur zu Besuch. Dieser Gedanke war unerträglich. Dass ich hier nicht zu Hause war, dass ich keine feste Bleibe besaß.

Ich hatte nur eine lose Verbindung zu dieser Welt, und die nur für kurze Zeit. Für mein kurzes Dasein.

Ich war allein auf der Welt, wie man allein in einem Traum ist. Wenn der Traum von anderen besucht wird – in Gastrollen des Traumes –, bleiben wir trotzdem uns selbst überlassen. Seelen fließen nicht ineinander, sie fließen nur – nebeneinander.

Etwas von dieser schläfrigen Distanz zu anderen Menschen spürte ich manchmal auch, wenn ich wach war. Und dennoch: Ich musste jemandem von dem erzählen, was ich erlebt hatte.

Aber ich versuchte das nicht bei meinen Freunden. Wie hätte ich denen das erklären sollen?

Auf dem Schulweg sprachen wir über Juri Gagarin – der im Weltraum gewesen war! –, über die Pferde auf der Trabrennbahn Bjerke oder über die Olympischen Winterspiele in Innsbruck … Wenn wir einen Geigerzähler gehabt hätten, glaubten wir, hätten wir eine Menge Uran finden und steinreich werden können … und falls ein Rolls-Royce eine Panne hätte, würde sofort ein Hubschrauber mit Mechanikern angeschwebt kommen, um die Luxuskarre an Ort und Stelle zu reparieren …

Ich konnte meinen Kumpels nicht anvertrauen, dass ich es »sonderbar« fand zu leben oder dass ich, ein gesunder Junge von elf oder zwölf, Angst vor dem Sterben hatte. Das hätte gegen unseren üblichen Jargon verstoßen, der ziemlich vorhersagbar war. Hier durfte kein Scheiß gebaut werden!

Also ging ich zu Lehrern und Eltern. Die mussten doch ein tieferes Verständnis für das haben, was mit Leben und Tod zu tun hatte. Die waren doch *erwachsen*!

Ich versuchte, sie herauszufordern. Ist es nicht sonderbar, dass wir leben?, fragte ich. Ist es nicht sonderbar, dass es diese Welt gibt? Oder dass es überhaupt etwas gibt?

Aber die Erwachsenen waren leerer als Kinder. Sie waren jedenfalls leerer, als ich mich selbst fühlte. Das musste daran liegen, dass sie aus diesen Fragen *herausgewachsen* waren.

Sie sahen mich an, als ob ich selbst sonderbar wäre.

Warum sagten sie nicht einfach Ja? Ja, es ist wirklich eine sonderbare Vorstellung, dass wir leben, hätten sie sagen können. Sie hätten sogar zugeben können, dass es ein bisschen mystisch war. Oder total wahnsinnig, verrückt! Aber soweit ich sehen konnte, fanden sie es nur peinlich, mit meinen Fragen konfrontiert zu werden. Sie hatten vielleicht Angst davor, auf welche Fragen ich noch verfallen könnte. Ihr Blick wurde unsicher und wich mir aus. Das war ein harter Schlag, denn ich hatte doch die Welt entdeckt!

Zunächst wirkte ich vielleicht suchend und unsicher, unbeholfen. War ich es, der hier begriffsstutzig war? Konnte es sein, dass ich etwas übersehen oder nicht verstanden hatte, etwas über den Tod vielleicht, denn was wusste ich darüber eigentlich?

Oder war es einfach nur so, dass die Erwachsenen nicht über die Welt reden wollten?

Dass es etwas gab! Dass etwas existierte!

Zu diesen Tatsachen gab es aus ihrer Sicht nichts zu sagen.

Das war Anfang der 1960er-Jahre und vielleicht zu einer Zeit, als die meisten Erwachsenen nicht mehr ganz so sicher waren, ob wirklich ein allmächtiger Gott innerhalb von sechs Tagen Himmel und Erde erschaffen hatte.

Ich kannte die Schöpfungsgeschichte gut, wir hatten sie in der Schule gelernt. Diese ganze gewaltige Geschichte konnte uns als Hausaufgabe aufgegeben werden, und einmal sogar mit der direkten Gefahr, am nächsten Tag dazu abgehört zu werden. Aber jetzt brachte niemand von den Erwachsenen sie zur Sprache.

Das, wonach ich gefragt hatte, hatte offenbar nichts mit der christlichen Lehre zu tun, nicht mit Heimatkunde, nicht einmal mit Erdkunde. Es war einfach unpassend, danach zu fragen, ungefähr so unpassend wie die Frage, woher eigentlich die Babys kamen, bevor sie dann im Bauch der Mutter wuchsen. *Diese* Frage hatte ich allerdings schon ergründet.

Hinter den anderen Büchern im Bücherregal hatte ich ein illustriertes Buch gefunden, und mir war klar geworden, dass aus einem unaussprechlichen Grund nagelneue Kinder im

Leib der Mutter entstehen, aber so war die Welt nun einmal eingerichtet, man durfte nur den Kindern nicht genau verraten, wie das vor sich ging, denn Kinder konnten die Last der elterlichen Schande nicht ertragen, und ich war da keine Ausnahme. Ich würde nie wieder dasselbe gelassene und alltägliche Verhältnis zum Anblick einer Frau mit einem Kinderwagen bekommen, nachdem ich in diesem Buch geblättert hatte.

Aber noch peinlicher war es, in der Küche oder im Wohnzimmer zu stehen und bei helllichtem Tage mit Mutter oder Vater über die Frage zu sprechen – woher kommt die Welt?

Ich konnte zu ihnen hochschauen und hinzufügen, fast bettelnd: Ihr findet die Welt also ganz normal, oder?

Und das war dann der Gipfel! Ja, die Welt ist normal, wurde mir versichert, sicher ist sie das, *total* normal.

Vielleicht wurde es auf eher energische Weise gesagt. Und vielleicht mit dem Zusatz: Ich finde, du solltest nicht zu viel über solche Dinge nachdenken.

Über solche Dinge? Ich glaube zu verstehen, was sie meinten. Sie meinten, ich könnte verrückt werden, wenn ich zu viel darüber nachdächte, dass die Welt nicht normal war.

Eltern und Lehrer hielten also offenbar die Welt – diese Welt! – im Grunde für total normal. Das sagten sie jedenfalls. Aber ich wusste, wenn sie nicht logen, dann irrten sie sich.

Ich wusste, dass ich recht hatte, und ich beschloss, niemals erwachsen zu werden. Ich versprach mir selbst, niemals einer zu werden, der die Welt als selbstverständlich hinnimmt.

Viele Jahre später sah ich Steven Spielberg Film *Unheimliche Begegnung der dritten Art.*

Der Titel hat damit zu tun, dass jemand, der am Himmel ein UFO sieht, damit eine »Begegnung« der ersten Art hat. Wer physische Beweise für einen Besuch von »Aliens« aus dem Weltraum findet, hat eine Begegnung der zweiten Art. Und wer das Glück hat – oder das Pech –, in physischen Kontakt zu den Fremden zu kommen, hat eine Begegnung der dritten Art. Ach! Sensation!

Aber als ich an jenem Abend den Kinosaal verließ, ging mir auf, dass das eigentlich gar nicht so besonders toll war. Ich hatte schließlich eine Begegnung der vierten Art erlebt.

Ich war selbst so ein rätselhaftes Weltraumwesen, und das konnte ich durch ein Zittern am ganzen Leib spüren.

Ich habe seither viele Male darüber nachgedacht. Jeden Morgen erwache ich mit einem »Alien« in meinem Bett. Und dieser Fremde bin ich!

MARIENKÄFER

Ein ganz anderes Erlebnis hatte ich einmal als Teenager. Ich war allein tief in den Wald gegangen, es war im frühen Herbst, ich erinnere mich noch an die Vogelbeeren, das Blaubeergestrüpp und das kühle Heidekraut.

Ich war draußen im Heidekraut aufgewacht, in einem grünen Schlafsack, den ich bei allen Pfadfindertouren benutzt hatte, aber diese Zeit war jetzt vorbei.

Warum war ich hier? Also, ich hatte über etwas nachdenken müssen, über etwas, das wehtat, und ich hatte die Beine in die Hand genommen und mich am Ende unter freiem Himmel schlafen gelegt.

Aber als ich aufwachte, konnte ich über mir keinen Himmel sehen. Dichter Nebel hatte sich über die Landschaft gelegt, vielleicht auch nur über die Baumkronen, und ich blieb im Morgengrauen liegen und betrachtete Marienkäfer, Spinnen und Ameisen auf dem Waldboden unter mir, diese winzigen Tiere waren so ungeheuer lebendig!

Und plötzlich spürte ich in Leib und Seele, dass auch ich *Natur war,* genau wie dieses mikroskopisch kleine Gewimmel in Moos und Heidekraut. Bald kam mir ein noch weiter reichender Gedanke: Ich war aus den gleichen Molekülen zusammengesetzt wie alles Lebende um mich herum. Das Repertoire unterschied sich, aber die Noten waren genau dieselben.

Ich war nicht nur zu einer hastigen Stippvisite auf der Welt, in einem psychedelischen Märchen. Ich befand mich mitten in meinem rechtmäßigen Element, wie der Fisch im Wasser oder die Spinne im Heidekraut.

Ich war zu Hause, in meiner eigenen Welt, denn ich gehörte zu dieser Welt, *war* diese Welt. Und so würde es auch weitergehen, wenn mein eigener Körper eines Tages verschwunden wäre …

Mich überkam eine fast unbeschreibliche Ruhe, ein ungeahnter Friede, der nichts mit Ausgeruhtheit zu tun hatte, denn ich hatte schlecht geschlafen. Innerhalb von ein oder zwei Sekunden ließ ich mich selbst los und ergab mich etwas anderem, etwas Größerem und Wärmerem. Oder ging in diesem anderen auf, ließ mich davon absorbieren. Es kam mir vor wie eine geistige Übertragung zwischen mir und allem, was existierte, eine Übertragung von Identität, oder vielleicht wäre es besser, von einer Rückführung zu sprechen: Ich führte etwas aus mir selbst zurück zur Natur.

Dieser Zustand dauerte nur wenige Sekunden an, aber die dauerte er. Gerade so lange, dass ich mich umschauen und die weißen Birkenstämme am Rand der kleinen Lichtung erkennen konnte, wo ich mein Lager aufgeschlagen hatte. Diese Stämme gehörten mir, auch sie waren ich. Und ich spürte eine ferne Verwandtschaft mit den winzigen Wesen auf dem Waldboden. Erlebte die hauchdünne Verwandtschaft mit einem Marienkäfer, die nur davon abhing, wie tief ich mich auf sie einließ.

Für einige Augenblicke hatte ich Kontakt zu einer tieferen Schicht in der Natur und in mir selbst, oder in dem, was ich in Gedanken viele Jahre später den »Urgrund« nennen würde.

Und dann lag ich wieder im Schlafsack. Ich glitt zurück in meine eigene individuelle Existenz.

Und ich merkte, dass es kühl war. Ich fror.

Und dann? War das, was ich an diesem Morgen erlebt hatte, einfach nur eine Sinnestäuschung gewesen? Kam es vielleicht daher, dass ich hier im Heidekraut etwas geträumt hatte? Oder sagte es doch etwas über mich aus und über die Welt?

Menschen erleben ja so vieles. Manche behaupten, Gottes Nähe zu erleben – oder dass Gott oder die Ahnen mit ihnen sprechen. Ich selbst habe das nie von mir sagen können.

Aber was ich an diesem Morgen erlebte, kann wohl auch dem kritischsten Rückblick standhalten. Denn ist ein fast überbordender Individualismus nicht ebenso anstrengend – oder übertrieben – wie das eher entspannte Erlebnis, mit allem eins zu sein, oder einfacher: zu sein?

In den kommenden Jahren würde ich immer weiter über solche Erlebnisse nachdenken.

Damals im Wald hatte ich eine ausgesprochen passive Rolle gespielt. Plötzlich war ich in einen anderen Bewusstseinszustand versetzt worden. Schwupp! Und abermals schwupp – schon war es vorüber!

Aber wenn ich später daran zurückdachte, kam mir der Gedanke, dass so ein Übergang auch auf eine aktivere und eher vom Willen gesteuerte Weise vor sich gehen könnte. Ich könnte mich jederzeit entschließen, ein größeres Segel zu setzen und für mehr zu stehen, als wofür ich im Alltag selbst und mit dem, was mir gehörte, stand. Ich könnte – jedenfalls immer wieder für einen Moment – solche befreienden Gedankensprünge ausführen.

Ich war nicht nur *in* der Natur. Ich *war* Natur …

DER GEDANKENLESER

Bevor ich richtig erwachsen wurde, hatte ich also zwei intensive, aber zugleich widersprüchliche Erfahrungen gemacht: zuerst das bittersüße Gefühl, auf einer kurzen Stippvisite in einer Zauberwelt zu sein, und einige Jahre später das Erlebnis, etwas Größeres und Dauerhafteres zu repräsentieren als mich selbst.

Ähnliche Erlebnisse gab es immer wieder. Aber wenn ich jetzt einen Schluss daraus ziehen sollte – welches Lebensgefühl habe ich heute? Schwer zu sagen. Von beidem etwas, vielleicht. Oder von beidem viel.

Im Vergleich zu der langen Zeit, die wir nicht mehr in der Welt sein werden, ist ein Menschenleben kurz. Wenn das Leben von unendlichem Wert ist, ist auch der Verlust jedes einzelnen Daseins unersetzlich. Allein schon der Gedanke an diesen Verlust kann wie ein Bleigewicht wirken, wie der Sog von etwas Schwerem, das im tiefen Wasser versinkt.

Aber wir sind nicht nur wir selbst. Jeder und jede von uns repräsentiert zugleich die gesamte Menschheit und den Planeten, auf dem wir leben.

Und dann tauchen solche Fragen auf: Wie soll es mit der Menschheit weitergehen? Und mit unserem Planeten?

Auf diese Fragen werde ich zurückkommen. Ich bin auf der Suche nach etwas, das uns miteinander verbindet, das uns vereint. Deshalb schreibe ich.

Schon immer habe ich lange Waldspaziergänge geliebt, vor allem, wenn ich ein Problem lösen musste. Wenn ich viel zu tun hatte, habe ich die Wanderung manchmal abgebrochen und bin nach Hause gegangen, ganz einfach, weil sich mein Problem unterwegs erledigt hatte.

Draußen unter den Bäumen bin ich manchmal stehen geblieben und habe auf einen Ameisenhügel gestarrt, fast wie in Trance. Ich habe versucht, mich auf jede einzelne Ameise zu konzentrieren, und das war keine einfache Aufgabe, denn die Auserwählte bewegte sich ruckhaft hin und her, bis ich sie im Gewimmel unweigerlich verlor. Dann musste ich mir eine neue Kandidatin aussuchen und mit der Überwachung von vorn beginnen. Auf diese Weise konnte ich immer weitermachen.

Ich habe auch das Gegenteil versucht, meine gesamte Aufmerksamkeit auf den ganzen Ameisenhügel zu konzentrieren und nicht auf die einzelne Ameise. Doch auch das hat sich als gewaltige Herausforderung entpuppt. Ein Ameisenhügel wird von einigen Tausend kleinen Individuen bewohnt, die in einem komplizierten Austausch miteinander stehen. Über diese energischen Winzlinge hinwegzusehen kommt fast einer optischen Täuschung gleich.

Ein Kompromiss wäre vielleicht, die einzelne Ameise als eine lebende Zelle in einem vielzelligen Organismus zu betrachten, doch auch das wäre falsch, da die einzelne Ameise streng genommen keine Zelle in einem riesigen Organismus ist, sondern – jedenfalls unter anderem – ein Einzelindividuum, das den Ameisenhügel verlassen und unterwegs verloren gehen kann.

Der Ameisenhügel wirkt so unvorstellbar gut organisiert, und ich frage mich, wie diese winzigen Wesen es schaffen, miteinander zu kommunizieren oder mit dem Ameisenhügel, ihrer eigentlichen Zentrale, aus der sie kommen und zu der sie immer wieder zurückkehren.

Das Bild eines Ameisenhaufens lässt sich leicht auf die Bevölkerung einer Stadt oder sogar auf die Bevölkerung der ganzen Welt übertragen.

Ist die Menschheit nur ein Wirrwarr aus getrennten Akteuren? Oder gibt es zwischen uns mehr oder weniger versteckte Verbindungen?

Wieder einmal war ich unterwegs. Ich folgte einem schmalen Pfad zwischen hohen Bäumen. Er führte durch eine überwucherte Talsenke und an einem plätschernden Bach entlang. Ich war noch nie in dieser hügeligen Landschaft gewesen.

Wenn ich mich in einer neuen Landschaft aufhalte, denke ich manchmal auch ganz neue Gedanken. Ich lief also einfach weiter und dachte daran, dass ich dachte: Wie war das überhaupt möglich, zu *denken?* Was ließ zwischen den Nervenzellen in meinem Kopf Funken sprühen? Zwischen hundert Milliarden Nervenzellen?

Unterwegs wurde ich von einem Mann eingeholt. Er war hochgewachsen, ein richtig kräftiger Kerl. Mit schräg gelegtem Kopf schaute er auf mich herunter und musterte mich forschend. Und dann sagte er etwas, das ich nur als Kommentar zu dem, was ich eben gedacht hatte, auffassen konnte.

»Übrigens gibt es in der Milchstraße hundert Milliarden Sterne«, sagte er.

Ich fuhr zusammen, schaute in zwei tiefe blaue Augen, und jetzt schien der hochgewachsene Mann mich ein weiteres Mal zu mustern, oder was immer sein Blick bedeuten mochte. Er sagte:

»Aber die ›Milchstraße‹ ist ja nur unser Name für eine von hundert Milliarden Galaxien im Universum …«

Er nickte kurz, und dann verschwand er mit langen Schritten vor mir zwischen den Bäumen.

Ich war wie gelähmt und hatte keinerlei Zweifel. Zum ersten Mal im Leben war mir ein Gedankenleser begegnet. Und der Fremde hatte mich angesprochen, um mir genau das zu demonstrieren: dass er in mir war, dass er jetzt in meinem Kopf war!

Das Ganze erschien mir nicht beklemmend, es war einfach gut. Es vermittelte mir ein Gefühl intensiver Freude.

Damit hatte sich alles verändert. Ich stand auf der Schwelle zu einer neuen Zeit, einer neuen Epoche meiner Gedanken und Empfindungen.

Mir ging auf, dass ich nicht nur aus Fleisch und Blut war, sondern zugleich einen Anteil an etwas anderem und an mehr hatte, an einer Gemeinschaft der Seelen. Was für ein Triumph!

Diesen Augenblick werde ich niemals vergessen. Ich war so froh!

Im nächsten Moment aber erwachte ich. Die Begegnung mit dem rätselhaften Mann war nur ein Traum gewesen.

Obwohl er doch irgendwie in meinem Kopf gewesen sein musste, das konnte ja nicht anders sein.

Ich blieb liegen und starrte auf eine unebene Stelle an der Decke, fasziniert und erregt. Aber zugleich auch enttäuscht, desillusioniert.

Mein Kopf war wie ein schwarzes Loch. Alles, was ich dachte, stürzte in seine eigene Schwerkraft zurück. Nichts konnte der Begrenzung des Gehirns entkommen, nicht einmal ein Traumbild.

Gedanken flattern nicht so frei wie die Seele, dachte ich. So ist die Welt nicht eingerichtet.

*

Also, Leo, Aurora, Noah, Alba, Julia und Máni, ihr Lieben alle. Vielleicht habe ich euch zunächst in die Irre geführt mit dieser Geschichte über den Gedankenleser, der schließlich nur ein Traum war. Aber ich habe deswegen kein schlechtes Gewissen, denn ich habe dieses Erlebnis genauso geschildert, wie ich es hatte.

Mir träumte, dass mir auf dem Pfad ein hochgewachsener Mann begegnete und einen Kommentar zu etwas abgab, über das ich gerade nachgedacht hatte. Aber diese Leistung war nicht so beeindruckend, wie es mir zuerst erschienen war. Diese Begegnung zweier Seelen fand ja in einem Traum statt, in meinem eigenen Traum, und dort hatte dieser Mann nur eine Gastrolle.

Im Grunde war ich es, der seine Gedanken las, nicht umgekehrt. Ohne mir dessen bewusst zu sein, hatte ich ein

Traumspiel inszeniert, in dem meine Gedanken von einem »Gedankenleser« gelesen wurden. Aber ich führte mich selbst in die Irre, denn ich war es, der meine eigenen Gedanken las. Tatsächlich waren wir gar nicht zwei in diesem Traum – nur in diesem verschleierten, vagen Traumbild.

Aber diese banale Erklärung braucht uns nicht die gute Laune zu verderben. Das Bewusstsein des Menschen – auf einem Planeten in einem Spiralarm der Milchstraße – bleibt dennoch das größte Mysterium des Universums. Im menschlichen Gehirn gibt es ebenso viele Nervenzellen, wie es in der Milchstraße Sterne gibt.

Eines aber sollte ich wohl noch erwähnen: Ich wüsste nicht, dass ich in der wachen Welt je irgendeine Form von Gedankenübertragung erlebt hätte, obwohl ich schon seit so vielen Jahren lebe und so vielen Menschen begegnet bin.

Zum Beispiel ist es mir noch nie passiert, dass sich in einem Eisenbahnabteil oder in einem Flugzeug ein anderer Fahrgast an mich gewandt und eine Bemerkung darüber gemacht hätte, was ich seiner Meinung nach soeben gedacht habe (stellt euch vor, wie scheußlich es wäre, wenn wir dauernd Menschen in der Nähe hätten, die wissen könnten, woran wir denken!).

Einige Male habe ich mich auf der anderen Seite der Erdkugel aufgehalten, während zu Hause in Norwegen überaus dramatische Dinge passierten, in der Familie oder im Land, aber niemals bin ich durch Telepathie auf diese Geschehnisse aufmerksam gemacht worden.

Seit fast fünfzig Jahren teile ich mit eurer Großmutter Tisch und Bett. Sie bemerkt sehr schnell, wenn ich in Gedanken versunken bin, und vielleicht auch, ob es frohe oder traurige Gedanken sind, die mich beschäftigen. Aber sie hat noch nie »lesen« können, wovon diese Gedanken handeln. Soviel ich weiß, haben wir auch noch nie einen Traum geteilt.

Und falls Gedankenübertragung möglich wäre: Wie sollte man telepathisches Schummeln beim Examen kontrollieren und durch eine Examensaufsicht verhindern? Aber in keiner einzigen Prüfungsordnung steht, dass die Prüflinge während des Examens alle telepathischen Aktivitäten ausschalten müssen.

Allerdings möchte ich betonen, dass Telepathie durchaus ein echtes Phänomen sein *könnte,* das nicht gegen grundlegende Naturgesetze verstoßen müsste. Wenn die Natur nur ein kleines bisschen anders beschaffen wäre und das Gehirn des Menschen oder die Gehirne einzelner Menschen ähnlich wie Rundfunksender operieren könnten, und sei es auch nur in engen zwischenmenschlichen Beziehungen, dann müsste das die wissenschaftlichen Voraussetzungen nicht unbedingt auf den Kopf stellen oder gegen das naturwissenschaftliche Weltbild verstoßen. So etwas wie die Telepathie müsste dann einfach nur genauer untersucht, gründlich beschrieben und als natürliches Phänomen registriert werden, ungefähr wie die Echoortung der Fledermäuse, die Orientierungsfähigkeit der Zugvögel und unvorstellbar viele andere Wunder der Natur, die sich im Sinnesapparat von Menschen und Tieren finden.

Die Gedanken eines Familienmitglieds lesen zu können – aus der Nähe oder aus der Ferne – könnte von einem bedeutenden existenziellen Vorteil sein und wäre also eine unbedingt positive Eigenschaft, zum Beispiel in kritischen Situationen, wo wir einander nur durch die Kraft der Gedanken erreichen können: »Konzentrier dich jetzt, mein Sohn, dann werde ich dir durch Gedankenübertragung mitteilen, wie du die beste Überlebenschance hast.«

Es ist nicht schwer, sich vorzustellen, dass die Fähigkeit zu telepathischer Kommunikation in evolutionstechnischer Hinsicht eine prima Sache wäre. Diese Fähigkeit würde sich deshalb leicht vererben lassen. In der Bevölkerungsgruppe, in der diese Eigenschaft zuerst entstanden ist, würden mit der Zeit immer mehr Gedankenlesende auftreten, und es würde immer weniger Individuen geben, die ohne diesen Vorteil auskommen müssten.

Aber im Laufe des 20. Jahrhunderts ist dermaßen gründlich über Telepathie geforscht worden, dass dieses Phänomen schließlich als nicht-existent verbucht werden musste. Es gibt einfach keine empirische Grundlage für seine Existenz, und deshalb wird Telepathie heute fast schon als aufgegebene wissenschaftliche Hypothese betrachtet – auch wenn der Begriff »Gedankenübertragung« unter Zauberkünstlern und witzigen Familienmitgliedern noch immer floriert.

Auch die militärischen Nachrichtendienste haben die Möglichkeit der Gedankenübertragung natürlich gründlich untersucht, jedoch mit enttäuschenden Ergebnissen, und wenn das Phänomen wissenschaftlich bestätigt worden wäre, hätte sich die Gehirnforschung in aller Welt darüber hergemacht. Aber bisher wurde noch kein Nobelpreis für Physik oder Medizin für den Nachweis telepathischer Fähigkeiten verliehen.

Allerdings ist das letzte Wort auch hier wohl noch nicht gesprochen. Wir können nicht ausschließen, dass Telepathie als seltenes, aber authentisches Phänomen vorkommt. Dass ein Phänomen sich nicht nachweisen lässt, bedeutet durchaus nicht, dass es nicht existiert.

Der Ausdruck »schwarze Schwäne« wird gern als Begriff für das Unvorstellbare benutzt, denn in früheren Zeiten glaubte man, alle Schwäne wären weiß – bis gegen Ende des 17. Jahrhunderts europäische Entdeckungsreisende in Australien auf schwarze Schwäne stießen.

MEIN GROSSVATER

Als Junge habe ich mich einige Jahre lang sehr für Zauberei interessiert. Vielleicht hatte ich einiges von dieser Faszination von meinem Großvater geerbt, also von eurem Ururgroßvater. Ich war bei seinem Tod noch keine acht Jahre alt, und er konnte natürlich nicht ahnen, dass ich eines Tages diesen Brief an euch schreiben würde, an meine eigenen Enkelkinder, mehr als sechzig Jahre nach seinem Tod. Obwohl, wer weiß, vielleicht hatte er doch eine vage Vorstellung, dass er im Laufe der Zeit auf dieser Welt ferne Nachkommen haben würde, lange nachdem seine eigene Zeit vorüber wäre, und diese Nachkommen seid ihr, Leo, Aurora, Noah, Alba, Julia und Máni!

Mein Großvater konnte aus dem Nichts Münzen hervorzaubern, er schien sie einfach aus der Luft zu schnappen oder uns aus den Ohren zu ziehen. Er konnte auch das Gegenteil: Er konnte ein Geldstück, eine Krone, einfach wegzaubern, also zurück ins Nichts. Ehe er sie wieder herbeizauberte. Die Kronen schenkte er uns Kindern, nachdem er sein Kunststück vorgeführt hatte.

Auf diese Weise wurde ein Besuch bei Opa oft zu einem doppelten Vergnügen. Zuerst durften wir seine umwerfende

Zauberkunst erleben, danach bekam jeder eine Krone, was damals viel Geld war. Es gab auch Ein-Öre-Stücke, und eine Krone war so viel wie hundert von diesen winzig kleinen Münzen. Man konnte mit hundert hellbraunen Ein-Öre-Stücken in die Bank gehen und sie in eine blanke Krone umtauschen – oder umgekehrt. Ich weiß nicht, worüber sich das Personal hinter dem Bankschalter mehr ärgerte, aber sie mussten diesen Umtausch vornehmen, egal, in welcher Richtung.

Eine Krone von Opa war keine ganz normale Krone, sondern eine Zauberkrone, also eine Gratiskrone, die Opa rein gar nichts gekostet hatte, abgesehen von der magischen Anstrengung, aber dennoch hatte sie genau dieselbe Kaufkraft wie alle anderen Kronenstücke. Schon damals gab es also etwas, was sich mit den Kryptowährungen unserer Zeit vergleichen lässt.

Opa zauberte nur sonntags Kronenstücke herbei, aber natürlich nicht an jedem Sonntag. Opa war Uhrmacher und hatte seinen eigenen prachtvollen Uhrmacherladen mit einer Werkstatt im Hinterzimmer, ganz unten im Hegdehaugsvei, wo auf der Straße vor einem modernen Kleiderladen noch immer eine große Uhr hängt.

Wir durften mit in die Werkstatt kommen und in die Armbanduhren hineinblicken, *während das Uhrwerk lief!* Die winzig kleinen Federn und Zahnräder, die in dauernder Bewegung waren, hatten Ähnlichkeit mit kleinen Insekten oder mit wimmelnden Kolonien undefinierbarer Tierchen. In diese minimalen Uhrwerke zu blicken war, wie in eins der größten Mysterien des Universums eingeweiht zu werden, und mein Großvater war der große Meister, der das alles im Auge behielt.

Den größten Spaß machte es, den Uhrmacherladen zu einer ganz bestimmten Uhrzeit zu besuchen – am liebsten um Punkt zwölf –, denn dann schlugen alle Wanduhren im Laden und im Lagerraum gleichzeitig, und alle Kuckucke in den Kuckucksuhren streckten den Kopf aus ihrem Nest und riefen wie aus einem Schnabel »Kuckuck«. Allerdings, ganz gleichzeitig schlugen die Uhren nicht, nicht immer, einige fingen schon ein paar Sekunden vor dem großen Orchester an, und einige zögerten einen Moment, ehe sie loslegten. Diese kleinen Ungenauigkeiten waren vielleicht das Schönste. Wir lachten, wenn eine einzelne Wanduhr plötzlich zwölfmal schlug – und wenn dann nicht mehr kam, wenn keine der anderen Uhren einstimmte. Und wir lachten, wenn eine Wanduhr loslegte, nachdem die anderen schon alle ihre Schläge getan hatten. Opa überwachte das alles genau, und ich stellte mir vor, sobald wir den Laden verlassen hätten, würde er eine Runde drehen und alle Uhren wieder auf die genaue Zeit einstellen, so wie er es vielleicht jeden Nachmittag tat.

Und dann muss ich noch etwas anderes Wichtiges über meinen Großvater erzählen, etwas, über das ich oft nachgedacht habe, seit ich selbst in die Jahre gekommen bin. Im Wohnzimmer meiner Großeltern hing ein gerahmtes Gemälde, das ein Stadtmotiv zeigte. In der Mitte befand sich ein Kirchturm, und in diesem Kirchturm hing natürlich eine Glocke. Die Kirchturmuhr aber war eine echte Uhr, nur etwas größer als eine Taschenuhr zum Aufklappen. Das Bild, das bei meinen Großeltern über dem Klavier hing, war also

Kunstwerk und Wohnzimmeruhr zugleich. Auf diesem Bild gab es *alles,* ich meine, alles, was für meinen Großvater wichtig war: die Stadt, die Kirche und die Uhr.

Ich selbst bin oft daran erinnert worden, dass es in einigen meiner Bücher – etwa im *Kartengeheimnis* oder im *Weihnachtsgeheimnis* – eine oder mehrere Geschichten in der Geschichte gibt, wie in einer chinesischen Schachtel oder wie Welten in Welten, und ich habe mich gefragt, ob das alte Gemälde über dem Klavier im Wohnzimmer meiner Großeltern der Grund dafür gewesen sein mag. Aber auch die Uhren, die in Opas Werkstatt gereinigt wurden, sodass ich einen Blick in ihre innere Welt voller Geheimnisse werfen konnte, haben dabei sicher eine Rolle gespielt.

Hier aber geht es mir vor allem darum, dass Opas Hokuspokus mit den Kronenstücken dazu beigetragen hat, aus mir einen kleinen Zauberkünstler zu machen. Was wir heute so hausbacken als »Geschicklichkeit« bezeichnen, hatte natürlich mit Opas jahrelanger Erfahrung als Uhrmacher zu tun. Die steckte ihm in den Händen. Wenn man das über irgendeinen Menschen sagen kann, dann hatte mein Großvater magische Hände.

Meine Begeisterung für die Zauberei führte dazu, dass ich einige Jahre nach Großvaters Tod und nach stundenlangem Training eines Tages für Eltern und Geschwister meine erste eigene Zaubervorstellung geben konnte. Ich präsentierte einige ausgewählte Tricks. Einzelne der raffinierteren Kunststücke hatte ich mir selbst ausgedacht, und meine Zauberleidenschaft gewann eine Dimension dazu, als ich Kunde bei EGELO wurde, dem führenden Zauberladen der Stadt.

Zu diesem Zeitpunkt war mir natürlich klar, dass es sich bei der »Zauberei« ausschließlich um Manipulation handelte, also eigentlich um Betrug, oder um das, was wir mit einem schönen Wort als Illusionismus bezeichnen. Bei manchen professionellen Zaubervorführungen, die ich erleben durfte, zum Beispiel bei Weihnachtsfeiern in der Schule, kamen mir dennoch Zweifel. Und das war ja auch der Sinn der Sache. Wir sollten doch glauben, dass wir etwas Übernatürliches erlebten!

PARAPSYCHOLOGIE

Ich war vielleicht dreizehn, als mein kindliches Interesse am Zaubern einer mindestens ebenso starken Begeisterung für Parapsychologie weichen musste. Unter »Parapsychologie« versteht man Phänomene wie Telepathie oder Gedankenübertragung, die ich bereits erwähnt habe, Präkognition oder die Fähigkeit, in die Zukunft zu blicken, und außerdem die sogenannte Hellseherei oder Clairvoyance, zum Beispiel das Wissen um Ereignisse, von denen man eigentlich nichts wissen kann. Wenn wir einen Menschen als »hellseherisch« bezeichnen, dann denken wir meistens an die Fähigkeit, ein solches verborgenes Wissen abzurufen.

Diese drei Phänomene – sollten sie sich nun als Realität erweisen – wurden alle unter dem Oberbegriff ESP verbucht, worüber in meiner Jugend ausgiebig geforscht wurde und etliche Bücher geschrieben wurden. ESP ist die Abkürzung für Extra-Sensory Perception oder »extrasensorische«, das heißt »außersinnliche« Perzeption. Perzeption ist aber bloß ein unnötig kompliziertes Fremdwort. Es wäre vielleicht besser, von außersinnlicher Wahrnehmung zu sprechen.

Die Frage ist, ob wir uns eine Form der Erkenntnis vorstellen können – zum Beispiel über die Zukunft –, die uns außerhalb unseres Sinnesapparates erreicht. (Ich denke dabei nicht an Wettervorhersagen und andere derartige Prognosen.)

Wenn es möglich wäre, etwas über die Zukunft zu wissen, dann müsste das auf »außersinnliche« Weise vor sich gehen. Denn die Zeit bewegt sich nur in eine Richtung. Die Physik kann nicht so recht erklären, weshalb, aber die Zeit weist nur vorwärts; nicht einmal die kleinsten physikalischen Teilchen können sich auch nur um den Bruchteil einer Sekunde in der Zeit zurückbewegen, und das Licht kann es deshalb auch nicht.

Neben diesen drei möglichen Phänomenen – Gedankenübertragung, Präkognition und Hellseherei – behandelt die Parapsychologie die sogenannte Psychokinese, das heißt die Fähigkeit, durch mentale oder psychische Einflussnahme physikalische Vorgänge zu verändern.

Viele Spieler haben beim Würfeln schon versucht, den Würfel durch ihre Gedanken so fallen zu lassen, dass er eine bestimme Anzahl von Augen zeigt, zum Beispiel sechs – oder wie beim Yatzy am liebsten fünf Sechser! –, und wenn das tatsächlich möglich wäre, würde das Phänomen unter den Begriff der Psychokinese fallen.

Warum also sollte man nicht an die Parapsychologie glauben oder Hoffnungen in sie setzen?

Von Anfang an gab es in der Geschichte der Parapsychologie den Wunsch, die Möglichkeit nachzuweisen oder zumindest wahrscheinlich machen zu können, dass der Mensch einen Persönlichkeitskern besitzt, eine freie »Seele« oder einen »Geist«, der den Tod des Körpers überlebt.

In der ersten Hälfte des vorigen Jahrhunderts hatten zwei Weltkriege stattgefunden. Millionen von Menschen waren ums Leben gekommen, und noch mehr hatten ihre Liebsten verloren. Das mag das Interesse an der Parapsychologie verstärkt haben. Und weil ich selbst so niedergeschlagen darüber war, auf dieser Welt nur ein flüchtiger Gast zu sein, hatte das parapsychologische Projekt etwas, was mich ansprach.

Als ich mich in die Parapsychologie vertiefte, gab es für solche außergewöhnlichen Phänomene noch eine gewisse akademische Offenheit. In Norwegen schrieb Harald K. Schjelderup 1961 das Buch *Das Verborgene in uns* (deutsch 1964) über parapsychologische Phänomene. Derselbe Autor hatte auch die ehrwürdige *Einführung in die Psychologie* (deutsch 1963) verfasst, die auf der Leseliste für den Einführungskurs in Philosophie stand, der bei uns in Norwegen den Zugang zu jedem Universitätsstudium eröffnete.

Heute ist die Situation eine andere. Die Menschen mögen glauben, was sie wollen, aber innerhalb der akademischen Institutionen gilt fast überall, dass für parapsychologische Phänomene keine wissenschaftliche Bestätigung möglich ist.

Geschichten über Einzelpersonen, die »übersinnliche« Erlebnisse hatten, florieren weiterhin, nicht zuletzt in der Populärkultur, aber in wissenschaftlichen Zusammenhängen sind sie nicht mehr anzutreffen. Es handelt sich dabei vor allem um menschliche Wunschträume, und ich kann von mir selbst sagen, dass ich noch immer gern Berichte über »paranormale Phänomene« gelesen habe, auch als ich schon längst nicht mehr an solche Dinge glaubte.

Die Verteidiger der Parapsychologie, also die Gläubigen, pflegen zu behaupten, dass solche Phänomene eben von spontaner oder nicht-kausaler Natur sind und sich deshalb mit wissenschaftlichen Methoden weder beweisen noch entkräften lassen.

So stehen die Dinge, und nachdem wir nun kritisch über die Möglichkeit außersinnlicher Wahrnehmungen gesprochen haben, können wir uns jetzt einen kleinen Filmausschnitt gönnen. Ich weiß nicht, ob er aus einem psychologischen Thriller stammt oder aus einem Gangsterfilm, vielleicht trifft ja beides ein wenig zu. Aber egal welches Genre, es handelt sich zweifellos um einen sogenannten B-Film.

Ein elegant gekleidetes Paar, Mann und Frau – er im Smoking und mit einem weißen Seidentuch in der Brusttasche, sie in einem knallroten Kleid mit schwarzen Pailletten und mit schweren Juwelen um Hals und Handgelenke – steigen eine Marmortreppe zu einem exklusiven Casino hoch.

Oben auf dem Absatz bleiben sie stehen und werfen einen Blick auf ein kleines gerahmtes Schild an einer Säule neben der Eingangstür, auf dem steht: »Wir bitten hellseherisch veranlagte Personen, vom Besuch dieses Casinos abzusehen.«

Die Kamera fängt das Gesicht der Frau ein. Sie zwinkert ihrem Begleiter zu (vielleicht zwinkert sie auch mal in die Kamera), und ein schelmisches Lächeln huscht über die roten Lippen. Der Mann nickt entschlossen und drückt seine Zigarette in einem großen, mit Sand gefüllten Aschenbecher aus.

Die beiden – ob gut oder böse, ist noch nicht klar – werden in eine geräumige Garderobe mit einem wandhohen Spiegel geführt. Ganz offenbar sind sie niemandem im Saal bekannt.

Ein Kellner kommt auf sie zu und bietet ihnen Champagnergläser auf einem funkelnden Silbertablett an.

Jetzt sehen wir in einer Filmszene nach der anderen, wie die beiden beim Roulette bedeutende Summen gewinnen – zur wachsenden Besorgnis des Croupiers. Die Frau setzt die Jetons auf den Roulettetisch. Sie spielt hoch, oft legt sie ganze Türme aus Jetons auf eines der sechsunddreißig Felder, und sie gewinnt und gewinnt, als hätte sie schon vorher gewusst, wo die Kugel in den Roulettekessel fallen würde.

Verfügt sie über besondere Fähigkeiten? Weiß sie einige entscheidende Sekunden im Voraus, wo die Kugel zur Ruhe kommen wird, weil sie eine hochentwickelte Veranlagung zur Präkognition besitzt? Oder lenkt sie die Kugel mithilfe von Psychokinese?

Der Film kann nur eine von zwei Wendungen nehmen: Entweder gibt es für das hier Geschehene doch eine natürliche Erklärung, zum Beispiel ein raffiniertes Zusammenspiel zwischen der Frau und dem Croupier, den puren Betrug also, verwandt mit der besten Zauberkunst. Wenn nicht, ist das Ganze die reine Komödie.

Denn schon der Ausgangspunkt dieser Geschichte ist völlig unglaubwürdig. Bei keinem Spielcasino auf der ganzen Welt hängt am Eingang ein Schild mit der höflichen Aufforderung, hellseherische Personen möchten auf Distanz bleiben. Es besteht keine Notwendigkeit zu einer solchen Aufforderung.

DAS ÜBERNATÜRLICHE

Ein großer Teil des sogenannten Okkultismus, also der Vorstellung von verborgenen Kräften oder übernatürlichen Phänomenen, fällt nicht in den Rahmen dessen, was wir Parapsychologie nennen.

So gibt es uralte Vorstellungen, dass die Stellung der Himmelskörper am Firmament, zum Beispiel im Augenblick der Geburt, etwas über das Leben und Schicksal eines Menschen aussagen könnte; die Astrologie ist bis heute quicklebendig. Aber hier wie anderswo im Bereich des Okkulten sind die Grenzen zwischen Glauben, Gesellschaftsspiel und Unterhaltung fließend.

Bei Weissagungen geht es im Allgemeinen vor allem darum, etwas zu deuten, das von seinem Wesen her eben undeutlich und undeutbar zugleich ist – wie die Stellung der Sterne am Himmel, der Flug der Vögel, die Handlinien, die Muster im Kaffeesatz oder die Reihenfolge der Spielkarten im Stapel.

Ich selbst habe zuletzt mit zehn oder elf Jahren, also ungefähr zu der Zeit meiner Erfolge als Zauberkünstler, Vertrauen in diese Dinge gesetzt. Aber wenn ich in einem Wartezimmer sitze und mich langweile, dann kommt es noch immer vor, dass ich in einer Illustrierten die Wochenhoroskope studiere.

Eine letzte Hoffnung auf einen Einfluss des Übernatürlichen verbanden viele in meiner Generation mit überraschenden Zufällen oder »Koinzidenzen«, auch »Synchronizität« genannt.

Dieser Begriff wurde von dem Schweizer Psychiater C. G. Jung geprägt. Er bezeichnet damit die Gleichzeitigkeit zweier Ereignisse, die als sinnvolles Zusammentreffen wahrgenommen werden, ohne dass ein kausaler Zusammenhang vorhanden wäre, oder auch das zeitliche Zusammentreffen von zwei oder mehreren Ereignissen ohne ursächlichen Zusammenhang, aber mit derselben oder ähnlicher Bedeutung.

Jeder oder jede hat wohl schon das verblüffende Zusammentreffen solcher Ereignisse erlebt, und wenn man sie sammelt, zum Beispiel in dem Bedürfnis, an etwas glauben zu können, wirkt es, als ob ein solches Zusammentreffen häufiger aufträte, als es in Wirklichkeit der Fall ist. Das ist wie bei einer Lotterie, bei der man nur die Gewinnerlose sieht.

Arthur Koestler hat sich in seinem bekannten Essay *Die Wurzeln des Zufalls* (1972) mit Parapsychologie und Synchronizität beschäftigt. Er versuchte, das, was viele als übernatürliche Phänomene betrachten, mit der neuen Physik, der Quantenphysik, zu verbinden. Indem er die Atomphysik und die Welt überhaupt als eine Art Spuk darstellte, wollte er eine Erklärung für Phänomene jenseits der orthodoxen Wissenschaft liefern. Auch ein solcher Versuch gilt heute den meisten als überholt. Es gibt nichts in der Atomphysik, was den Glauben an eine »außersinnliche Wahrnehmung« rechtfertigen könnte.

Ein anderes uraltes Phänomen, vermutlich ebenso alt wie die Menschheit selbst, sind sogenannte »Erscheinungen« oder »Sichtbarwerdungen« übernatürlicher Wesen, wie etwa die Geister von Verstorbenen, göttliche Wesen, Engel oder Wichtel und Trolle. Seit dem 19. Jahrhundert hat sich die Vorstellung, dass ein Kontakt zu den Toten möglich sei, vor allem im Spiritismus geltend gemacht.

Bei einer spiritistischen Sitzung wurde zumeist versucht, mithilfe eines sogenannten Mediums Kontakt zu den Seelen Verstorbener aufzunehmen. Aber auch unabhängig von solchen Sitzungen gibt es zahlreiche Berichte über das spontane Erscheinen von Verstorbenen oder von übernatürlichen Wesen aus einer anderen Welt.

Ich erzähle von diesem Phänomen in meinem Roman *Die Frau mit dem roten Tuch*. Darin geht es um Steinn und Solrun, die vor langer Zeit in einer innigen Liebesbeziehung verbunden waren. Dann aber erlebten sie anlässlich einer Bootstour etwas Erschütterndes, Unheimliches und Gespenstisches, das sie aber beide so unterschiedlich deuteten, dass ein Zusammenleben nicht mehr möglich war.

Nach vielen Jahren begegnen sie einander genau an der Stelle wieder, wo sich das Unerklärliche zugetragen hatte – noch ein Zufall! –, und treten nun in einen Dialog zwischen ihren verschiedenen Weltbildern. Am Ende kommt es zu einem weiteren unheimlichen Zusammentreffen …

Ich glaube nicht, dass ich in diesem Roman stärker Partei für Steinns naturwissenschaftliche Perspektive ergriffen habe als für Solruns spirituelle Deutung der Ereignisse, und eigentlich ist es Solrun, die das letzte Wort hat.

Für mich geht es in dieser Geschichte vor allem darum, dass Menschen alle möglichen Glaubensvorstellungen haben können und dass wir bisweilen etwas mehr »sehen«, als uns tatsächlich umgibt.

Über solche Fragen habe ich mit einer guten Freundin gesprochen, von der ich nie gedacht hätte, dass ich sie einmal für abergläubisch halten könnte. Aber sie meinte, ich solle mir da nicht zu sicher sein, und erzählte mir, zuerst etwas widerstrebend, dann voller Überzeugung, die folgende Geschichte:

Nach einer Trennung hatte sie Probleme und verbrachte einige Tage in einer alten Almhütte im Gebirge. Als sie durchs Fenster einen Blick auf die Wiese draußen warf, sah sie ganz deutlich zwei Gestalten über den Hofplatz gehen, die eine etwas größer als die andere, aber beide klein und wichtelhaft. Sie schaute den beiden einige Sekunden lang hinterher – und dann waren sie verschwunden.

Was die Größe der beiden Gestalten anging, war sie sich absolut sicher, denn über den Hofplatz war in etwa einem Meter Höhe eine Wäscheleine gespannt, und beide Wichtel waren unter dieser Leine hindurchgegangen, ohne den Kopf einziehen zu müssen.

Ich hörte interessiert zu. Es gelang ihr, die seltsame Stimmung bei diesem Erlebnis wieder wachzurufen, ich fand, sie hatte eine schöne Geschichte erzählt, eine rührende Geschichte, und ich war überzeugt, dass sie ehrlich war und die Wahrheit gesagt hatte.

Nach einer Weile hörte ich mich fragen: »Glaubst du, du

hättest das, was du da gesehen hast, filmen können, wenn du eine Videokamera zur Hand gehabt hättest?«

Es war lange vor der Zeit der Smartphones.

Sie schwieg mit vollkommen ausdrucksloser Miene, schließlich deutete sie ein Kopfschütteln an und sagte: »Nein, vielleicht nicht ...«

Und langsam schien ihr etwas aufzugehen.

Das glaube ich erst, wenn ich es sehe, sagen wir gern. Aber auch das, was wir sehen, brauchen wir nicht immer zu glauben.

Nicht alle, die behaupten, einen Spuk gesehen zu haben, lügen.

Auch in dem Buch *Durch einen Spiegel, in einem dunklen Wort,* das ich vor langer Zeit geschrieben habe, gibt es eine Geschichte in der Geschichte – ungefähr wie die Uhr im Kirchturm auf dem alten Gemälde, das über dem Sofa meiner Großeltern hing.

Cecilie Skotbu liegt krank in ihrem Zimmer, und es ist ziemlich sicher, dass sie sterben wird. Außer ihr lernen wir im Buch ihre Eltern, ihren Bruder Lasse, ihre Großeltern und ihre Freundin Marianne kennen. Aber wenn Cecilie allein im Zimmer ist, vor allem nachts, bekommt sie Besuch von dem Engel Ariel.

Ariel möchte begreifen, wie es ist, ein Mensch aus Fleisch und Blut zu sein, während Cecilie ihrerseits versucht, Ariel einige himmlische Geheimnisse zu entlocken. Auf diese Weise kommt es zu einer Begegnung zwischen Himmel und Erde, zwischen Zeit und Ewigkeit ...

Aber begegnet Cecilie tatsächlich einem Engel, und glaubt der Autor dieser Geschichte wirklich an diese Dinge? Diese Frage habe ich immer wieder beantworten müssen, und im Grunde war das auch nicht schwer.

Ich bin nie auf die Idee gekommen, dass diese Geschichte den Glauben an Engel voraussetzt. Die seltene Begegnung zwischen Himmel und Erde kann sich auch ganz und gar in Cecilies Vorstellung abspielen, zum Beispiel, wenn sie schläft. Außerdem bekommt sie starke Medikamente. Der Kontrast zwischen Zeit und Ewigkeit aber verschwindet dadurch nicht.

Zwei Dinge waren mir bei der Arbeit an diesem Buch wichtig. Die anderen Familienmitglieder durften nie auch nur einen flüchtigen Blick auf Ariel erhaschen. Das hätte die ganze Geschichte verdorben. Und noch wichtiger: Ich musste dafür sorgen, dass der Engel die ganze Zeit im Rahmen dessen redete und argumentierte, was in Cecilies Bewusstsein vor sich gehen konnte.

Cecilie hat die (falsche) Vorstellung, dass Ariel ein selbstständiges Bewusstsein besitzt oder ein selbstständiges Wesen ist. Ich kann das mit dem hochgewachsenen Mann vergleichen, der mir im Traum auf dem Waldweg begegnet ist. Dieser »Gedankenleser« konnte mir nicht mehr über die Anzahl der Galaxien im Universum erzählen, als ich – im besten Falle – selbst darüber wusste. Und Ariel konnte keine »himmlischen Geheimnisse« verraten, von denen Cecilie keine Vorstellung gehabt hätte. Deshalb geht es auch ein wenig langsam, wenn sie den Engel ausfragt: Cecilie hat mehr Fragen, als Ariel beantworten kann.

Sie stellt dem Engel eine Reihe von verzwickten Fragen,

und einige seiner Antworten verblüffen sie. Wobei es im Grunde Cecilie ist, die sich selbst verblüfft.

In vielen meiner Bücher gibt es eine solche fantastische Dimension. Denn ich war von der Fantasie der Menschen immer fasziniert. Aber jede Fantasie ist *jemandes* Fantasie. Dieses einfache Prinzip hat mir als literarische Richtschnur gedient.

Ich habe die imaginäre Dimension meiner Geschichten immer in einem bestimmten Menschen »erden« müssen. Auf diese Weise bekommt das Fantastische zugleich einen psychologischen oder sinnlichen Aspekt. Wo diese Verankerung fehlt, wird das Resultat zur »Fantasy« (eine Art Fantasie im Leerlauf, finde ich), ein total verschwommenes und rahmenloses literarisches Genre, für das ich nie ein besonderes Interesse aufbringen konnte.

Als meine gute Freundin mir von dem beeindruckenden Erlebnis mit den beiden Wichteln erzählte, die vor der Almhütte über den Hofplatz gingen, kam sie mir irgendwie näher. Ihr Bericht zeigte mir etwas von ihrer Psyche, etwas Persönliches – das zugleich etwas Allgemeinmenschliches berührte.

Vielleicht verhält es sich mit Fantasien wie mit Parfüm: Wenn mir der Duft eines Parfüms gefallen soll, dann muss es sich auf der Haut eines lebenden Menschen befinden. Und wenn eine fantastische Erzählung Eindruck auf mich machen soll, dann muss sie den Hauch einer menschlichen Individualität haben.

Vielleicht kann deshalb eine Frau behaupten, sie habe ihr

passendes Parfüm gefunden – oder dieser Duft sei »ihrer«. Vermutlich testet die Parfümindustrie ihre Produkte deshalb gern am Handgelenk der Kundin.

Vom starken Geruch des bloßen Parfüms, also »frisch aus der Flasche« und ohne Hautkontakt, wird mir schlecht.

Erzählungen über Wunder und übernatürliche Offenbarungen sind nicht nur ein unverzichtbarer Bestandteil von Legenden und Volksglauben. Ein solcher »Offenbarungsglaube« findet sich auch in den großen Weltreligionen und trägt dazu bei, dass uns diese Religionen als etwas zutiefst Menschliches erscheinen.

Wenn wir allen Ernstes fragen wollen, ob es übernatürliche Wesen gibt, und ich finde, das sollten wir tun, dann möchte ich mich etwas anders ausdrücken:

Die Menschen haben zu allen Zeiten unterschiedliche Vorstellungen von übernatürlichen Wesen gehabt. Dennoch ist es in der Geschichte der Menschheit vielleicht niemals vorgekommen, dass solche Wesen sich offenbart oder sich einem Menschen oder einem Volk erklärt haben, und der Grund dafür könnte ganz einfach der sein, dass es solche Wesen nicht gibt.

Es ist nämlich nicht ausgeschlossen, dass wirklich alle Vorstellungen von übernatürlichen Phänomenen einfach nur menschlichen Ideen entspringen, die außer im Menschen selbst keinerlei Grundlage besitzen. Dort jedoch finden sie einen üppigen Nährboden. Dafür mag es mehrere Gründe geben: den reichen Quell der menschlichen Fantasie, unseren angeborenen Drang, verborgene Zusammenhänge aufzuspüren, auch dort, wo keine vorhanden sind, und vielleicht nicht zuletzt unseren erbitterten Widerstand gegen die Erkenntnis, dass das Leben eines Tages zu Ende ist und in ein großes Nichts mündet.

Vorstellungen vom Übernatürlichen werden uns wohl immer begleiten, denn wir sind Menschen.

Es würde mich deshalb wundern, Leo, Aurora, Noah, Alba, Julia und Máni, ihr Lieben alle, wenn nicht auch ihr im Laufe eures Lebens zu irgendeinem Glauben an das Übernatürliche gelangtet, und von mir werdet ihr in diesem Zusammenhang keine Warnungen hören. (Vielleicht nur ein kleines neidisches Murren …)

Menschen vor Glauben oder Aberglauben zu warnen wäre fast so, wie ihnen von Freundschaft, Verliebtheit oder starken Naturerlebnissen abzuraten. Es gibt kaum etwas Menschlicheres als solche Empfindungen. Und kaum etwas Menschlicheres als Glaubensvorstellungen.

Der dänische Geistliche und Choraldichter Grundtvig hat dazu eine Bemerkung gemacht, die noch immer gilt: »Zuerst Mensch, dann Christ.« Im heutigen Dänemark hätte er auch sagen können: »Zuerst Mensch, dann Muslim.« Oder – auch daran ist es wichtig zu erinnern: »Zuerst Mensch, dann Atheist.« Auch Atheisten können in ihrer glühenden Überzeugung intolerant und »unmenschlich« auftreten. Auch sie können sich irren. Wenn es um Glauben geht, operieren wir ohne endgültige Gewissheit.

Aber egal was wir glauben oder meinen, sollten wir daran denken, dass wir in erster Linie Menschen sind.

Ich bin bereit, noch einen Schritt weiterzugehen: *Zuerst und zuletzt sind wir Menschen.* Wir kommen nackt auf die Welt, ohne irgendeine Form von Reisegepäck (abgesehen von einem Satz Chromosomen, die etwas darüber aussagen, wer wir sind). Und wir müssen die Welt ebenso nackt und mit leeren Händen verlassen, wie wir gekommen sind.

Aber ich habe einen roten Faden für dieses Buch, den ich nicht aus den Augen verlieren will.

Das fast verklärte Erlebnis, auf Besuch in einer Zauberwelt zu sein, aber im Strom der Zeit verloren, hat mich niemals losgelassen. Und ich trat aus meiner Jugend ohne eine tröstliche Dimension.

Die sogenannte Parapsychologie brachte nur alles durcheinander. Sie konnte mir lediglich eine Karte von einer Landschaft vorlegen, die gar nicht existiert. Das einzige wirkliche Wunder war, dass es diese Welt gibt.

Also musste ich mich neu orientieren. Diesmal begab ich mich in Richtung der Natur, des Universums und der des Erdballs, auf dem wir leben.

DIE ERDKUGEL

Am Ende des Jahres, in dem ich sechzehn wurde, entstand eines der wichtigsten Bilder in der Geschichte der Fotografie. Es war am Heiligen Abend 1968 an Bord des Raumfahrzeuges Apollo 8 – das soeben die Rückseite des Mondes umrundet hatte – aufgenommen worden und zeigte unseren Blauen Planeten, der hochmütig hoch am Himmel thront.

Das Foto bekam den Namen *Earthrise,* der eigentlich ein wenig irreführend ist. Da der Mond der Erde immer dieselbe Seite zukehrt, steigt die Erdkugel nicht auf dieselbe Weise über dem Horizont des Mondes auf, wie sich der Mond über den Horizont der Erde schiebt und langsam am Himmelsgewölbe emporklettert. Der blaugrüne Planet ist einfach nur da, er steht am Himmel, ungefähr wie der Mond gesehen von der Erdoberfläche.

Für die Mannschaft an Bord der Apollo 8 aber tauchte die Erde auf wie bei einem »Erdaufgang«, als das Fahrzeug über die Rückseite des Mondes lugte.

Mit der Apollo 8 flog zum ersten Mal ein bemanntes Raumschiff in einer Umlaufbahn um den Mond. Und zum allerersten Mal konnten die Menschen ihren eigenen Planeten vom Rand eines anderen Himmelskörpers aus sehen.

Die Mannschaft, die auf dieser fantastischen Reise dabei war, wurde später gefragt, was den größten Eindruck auf sie gemacht habe. Eine erwartbare Antwort war: Der Augenblick, als sie – als die allerersten Menschen überhaupt – den Mond umrunden und sich die Mondkrater aus nächster Nähe ansehen konnten. Aber die Astronauten meinten alle drei, das Einzige, was sie wirklich überwältigt habe, sei der Anblick des Blauen Planeten gewesen, als absoluter Kontrast zu der leblosen Mondlandschaft.

Ein halbes Jahrhundert später, zum fünfzigsten Jahrestag dieses Fotos, sagte einer der drei Astronauten, William Anders, der das Bild aufgenommen hatte und später einige Zeit Botschafter der USA in Norwegen war: »We set out to explore the moon and instead discovered the earth.«

Viele vertreten die Ansicht, dass das Foto *Earthrise* als Ikone für die moderne Umweltbewegung gelten muss.

Der 14. Februar 1990 wurde zu einem neuen Gedenktag für die Menschheit. Die Raumsonde Voyager 1, die im September 1977 ihre Umlaufbahn erreicht hatte, war dabei, das Sonnensystem zu verlassen, nachdem sie Bilder von den Planeten Jupiter und Saturn gemacht hatte. Aber auf Aufforderung des amerikanischen Astronomen Carl Sagan wurden die Kameras des Fahrzeugs zurück auf die Sonne gerichtet, um ein allerletztes »Familienbild« von den Planeten des Sonnensystems zu schießen, genauer gesagt eine ganze Reihe von Bildern, die später zu einem zusammenhängenden Porträt des Sonnensystems montiert wurden.

Auf einem dieser Bilder zeigt sich die Erde als kleiner

blassblauer Punkt oder *Pale Blue Dot,* so der Titel des Bildes und später auch der Titel eines Buches, das Carl Sagan verfasste. Damals wie heute war die Voyager 1 der entfernteste Gegenstand von Menschenhand im Weltraum, und vielleicht wird er niemals von einem anderen Objekt von Menschenhand eingeholt werden.

Seit August 2012 befindet sich die Voyager 1 auf ihrer Weiterreise im interstellaren Raum durch die Milchstraße. Es wird an die vierzigtausend Jahre dauern, bis sie in die Nähe eines neuen Sternes gelangt. Die letzten Instrumente an Bord werden bereits um das Jahr 2030 ihre Funktion einstellen, aber die Sonde enthält außerdem die sogenannten Voyager Golden Records, das sind Datenplatten mit Bild- und Ton-Informationen über Natur und Kultur auf unserem Planeten. Wir können uns nur in unserer kühnsten Fantasie vorstellen, dass diese Information irgendwann in vielen Jahrtausenden oder Jahrmillionen dort draußen bei intelligenten Wesen eintrifft und dann vielleicht als eine Art Zeitzeugin vom Leben und von der Zivilisation berichten kann, die es vor so langer, langer Zeit hier auf der Erde gab.

Der fast unsichtbare Punkt auf dem Bild wurde aus einer Entfernung von mehr als sechs Millionen Kilometern aufgenommen, was 5,5 Lichtstunden entspricht. Das Bild, das am Valentinstag – oder dem »Tag aller Herzen«, wie wir ihn nennen – mit einem Teleobjektiv von der Voyager 1 aus gemacht wurde, besteht aus 640 000 Bildpunkten oder Pixeln. Aber der blassblaue Punkt – unsere Welt, unsere Erdkugel, unsere Heimat – ist aus dieser Entfernung kleiner als ein Pixel. Er misst nur 0,12 Pixel!

Jahrtausendelang hatten die Menschen ins Universum hinausgespäht, während der letzten Jahrhunderte mit immer größeren und stärkeren Fernrohren. Und nun konnten wir unser Fernrohr plötzlich umdrehen und auf uns selbst zurückblicken!

Und wir entdeckten einen Fussel von einem Planeten an einer zufälligen Stelle im Universum. Das fordert zu Demut auf. Das fordert zu Fürsorge auf für diesen Fussel, auf dem wir leben!

Wenn ich mir dieses staubkorngroße Objekt manchmal ansehe, denke ich: Da bin ich! Ich denke nicht nur, dass ich mich irgendwo auf diesem fast unsichtbaren Fussel verstecke, sondern auch, dass ich dieser Fussel *bin,* denn er sieht so winzig klein aus, dass es fast absurd wäre, ihn für irgendeine Form von Versteck zu halten.

Das Bild wurde im Winter 1992 aufgenommen. Damals saß ich in einer Garage in Store Milde bei Bergen und schrieb am *Kartengeheimnis.* Ich weiß noch, dass ich an diesen späten Winterabenden viele Spaziergänge machte. Und ich schaute zu den Sternen hoch. Ich will nicht behaupten, ich hätte die Voyager 1 gesehen. Aber ich starrte hinaus ins Universum …

DAS CHRONOMETER

Im *Kartengeheimnis* erzähle ich von einem Schiffbruch oder, um genauer zu sein, zwei Schiffbrüchen, der erste geschah 1790, der andere zweiundfünfzig Jahre später.

Ehe wir zum Weltraum zurückkehren, will ich jetzt ein Kapitel über die frühere Zeit der Segelschiffe und über die Vermessung und Kartierung unseres Planeten einschieben. Auch in diesem Zusammenhang sollte die Uhrmacherkunst eine entscheidende Rolle spielen, und ich wüsste nur zu gern, wie gut mein Großvater sich in dieser Geschichte auskannte. Vermutlich sehr gut. Zu Beginn des 20. Jahrhunderts arbeitete er einige Jahre als Uhrmachergeselle in Tønsberg, einer damals wichtigen Seefahrts- und Handelsstadt.

Wenn die großen Segelschiffe im 17. und 18. Jahrhundert die Weltmeere überquerten, war es natürlich überaus wichtig zu wissen, wo auf der Erdkugel man sich gerade befand. Auch auf kürzeren Seereisen, zum Beispiel zwischen Spanien und England, kam es für die Seeleute darauf an, das Ziel zu erreichen, zum Beispiel eine bestimmte englische Hafenstadt, und nicht vom Kurs abzuweichen und auf Felsen oder Sandbänke aufzulaufen. Letzteres konnte katastrophale Folgen haben.

Die häufigen Schiffbrüche kosteten das Leben Tausender Seeleute. ganz zu schweigen von der wertvollen Ladung, die dabei verloren ging.

Den Breitengrad zu berechnen, also wie weit im Süden oder Norden man sich gerade befand, war keine große Kunst. Dazu musste nur der Winkel zur Sonne gemessen werden, wenn sie an ihrem höchsten Punkt am Himmel stand, und nachts der Winkel zum Polarstern.

Aber auf welche Weise sollte man den Längengrad berechnen, um festzustellen, wie weit nach Osten oder Westen man gekommen war?

Auf diese Frage wusste niemand eine gute Antwort, bis 1675 John Flamsteed zu Englands erstem Hofastronomen ernannt wurde, mit der Aufgabe, das »Längengradproblem« zu lösen, die größte Herausforderung für diese Seefahrernation. Dazu brauchte er ein astronomisches Observatorium, welches auf einer Anhöhe im Greenwich Park im Südosten Londons in Rekordzeit errichtet wurde. Früher hatte dort ein Turm mit Blick über die Themse gestanden, von dem aus in der Ferne London zu ahnen war.

Um die Längengrade auf See zu bestimmen, konnten im günstigsten Fall korrekte Tabellen für die Position von Sonne, Mond und Sternen erarbeitet werden. Doch dann musste das Schiff auch einen Astronomen an Bord haben, und der Himmel sollte wolkenfrei sein.

Gab es eine andere Methode, den Längengrad auf See zu berechnen, als nach den Sternen zu navigieren?

Seit der Antike war bekannt, dass man eine Kugel in dreihundertsechzig Grad einteilen kann und dass die Erde vierundzwanzig Stunden braucht, um sich um die eigene Achse zu drehen. Das machte fünfzehn Grad pro Stunde. Ein Grad entsprach also vier Minuten …

Im Prinzip bedeutete das, wenn auf dem Schiff eine Borduhr die genaue Zeit in dem Hafen anzeigte, den das Schiff verlassen hatte – und dazu gleichzeitig eine Uhr, die jeden Tag gestellt wurde, die genaue Sonnenzeit auf See zeigte –, dann könnte man genau berechnen, wie viele Grad und Minuten weiter östlich oder westlich vom Ausgangsort sich das Schiff befand.

Eine Stunde nachdem die Sonne zum Beispiel in Greenwich an ihrem höchsten Punkt gestanden hat, erreicht sie diese »Mittagshöhe« fünfzehn Grad westlich von Greenwich und eine weitere Stunde später abermals fünfzehn Grad weiter westlich – zum Beispiel an Bord eines Schiffes, das über den Atlantik nach Amerika segelt. (New York liegt ziemlich genau 75° westlich von Greenwich und damit fünf Stunden hinter dem, was schließlich Greenwich Mean Time, also Mittlere Greenwichzeit genannt wurde.)

Wer also eine genau gehende Schiffsuhr hatte, welche die Ortszeit in dem Hafen zeigte, aus dem das Schiff kam, konnte mit Leichtigkeit berechnen, um wie viele Grad das Schiff nach Osten oder Westen gesegelt war.

Es gab nur ein Problem: So genaue Schiffsuhren hatten die Menschen im 17. Jahrhundert noch nicht. Die Vorstellung von einer solchen Wunderuhr erschien damals noch fast ebenso weit entfernt wie die Idee von einem Schiff, das den Mond umsegeln, oder von einem Fernrohr, das in den Weltraum hinausgeschossen werden könnte, um vom äußersten Rand des Sonnensystems auf die Erdkugel zurückzublicken.

Nach einer Reihe von fatalen Schiffbrüchen berief das englische Parlament im Jahre 1714 eine Längengradkommission und lobte zugleich eine Belohnung von 20 000 Pfund aus für eine Methode, die Längengrade auf See mit einer Fehlerquote von weniger als einem halben Grad zu berechnen. Das war eine bedeutende Prämie, nach heutiger Währung viele Millionen Pfund.

Im Laufe der Jahre wurden bei der Längengradkommission allerlei fantasievolle Vorschläge eingereicht, teilweise von okkultem Charakter, teilweise aber auch praktische Ideen, die sich leider als ganz und gar undurchführbar erwiesen.

Die seriösesten Versuche zur Lösung des Längengradproblems basierten lange auf sorgfältiger Beobachtung der Bewegungen der Himmelskörper. An die Möglichkeit einer genau gehenden Schiffsuhr dachte weiterhin niemand.

Doch in aller Stille arbeitete John Harrison, der Sohn eines Zimmermannes, an einer solchen Uhr, und fast sechzig Jahre nach Einberufung der Längengradkommission durfte er den Preis in Empfang nehmen. Er hatte eine Schiffsuhr oder ein »Chronometer« konstruiert, das so präzise und seetüchtig war, dass es jederzeit anzeigen konnte, wie spät es gerade in Greenwich war. Dann brauchte man nur noch die aktuelle Ortszeit zu berechnen, um genau zu wissen, wo auf der Erdkugel man sich jeweils befand.

Der Uhrmacher, der sich seine Kenntnisse selbst angeeignet hatte, hatte sein Leben lang mit unterschiedlichen Arten von Schiffsuhren experimentiert, aber seine Idee an sich war sehr einfach. Sag mir, wie spät es in Greenwich ist, und ich sage dir, wo du bist.

Es sollten dann noch immer an die hundert Jahre vergehen, ehe die Nationen der Welt sich darauf einigten, wo die Meridiane und Zeitzonen auf der Erdkugel verlaufen sollten. Bei der internationalen Meridiankonferenz 1884 in Washington wurde endgültig beschlossen, den Nullmeridian durch das alte Observatorium in Greenwich verlaufen zu lassen.

Die Welt brauchte eine überall gültige Zeit mit festgelegten Zeitzonen. Bisher hatte sich jede Gesellschaft an ihre Ortszeit gehalten, die von der Mittagshöhe der Sonne bestimmt wurde: Wenn es 12 Uhr ist, mitten am Tag, dann steht die Sonne im Süden. Andere Zeitangaben waren nicht nötig. Verabredungen traf man mit Menschen am selben Ort, und zu Fuß oder mit Pferd und Wagen kam man im Laufe eines Tages nicht sehr weit nach Osten oder Westen.

Von einer Generation zur anderen wurde weitergegeben, welche Landmarken die Sonne im Laufe des Tages passierte, und diese stille Abmachung blieb bestehen, bis im 19. Jahrhundert die Eisenbahnen gebaut wurden. Erst durch dieses neue Transportsystem entstand auch das Bedürfnis nach neuen Zeitangaben.

Die jeweilige Ortszeit konnte zwar beibehalten werden, aber es gab nun die Notwendigkeit einer landesweiten »Eisenbahnzeit«. Nur so waren landesweite Fahrpläne mit festen Abfahrtszeiten möglich, egal, welche Städte man aufsuchen, verlassen oder unterwegs passieren wollte.

Auch die Entwicklung von Telegraf und Telefon verlangte eine weltweite »Universalzeit« mit klar definierten Zeitzonen. Norwegen lag nun eine Stunde östlich von London, egal, ob man in Bergen oder Kirkenes wohnte. Und als 1909 die erste Bahnlinie nach Bergen eröffnet wurde, gab es nur einen einzigen Fahrplan für die gesamte Strecke zwischen Kristiania und Bergen. Genau zu wissen, wie spät es war, hatte nun einen praktischen Nutzen.

Als der britische Kapitän James Cook 1772 zu seiner zweiten Entdeckungsreise aufbrach, nahm er eine Kopie von Harrisons Chronometer mit, und seine Begeisterung für diese Schiffsuhr als Navigationsinstrument war riesig.

Mithilfe der Uhr konnte Cook die erste und überraschend genaue Karte der Inseln im Stillen Ozean zeichnen. Wieder und wieder schreibt er in seinem Tagebuch über die Uhr als »unsere zuverlässige Freundin« und über »unsere Wegweiserin, die uns niemals im Stich lässt«.

Die Expeditionen dieses Kapitäns sorgten aber nicht nur für die Kartierung der Inseln im Stillen Ozean. Auf seiner ersten Entdeckungsreise, genauer gesagt am 3. Juni 1769, war Cook auf dem Weg nach Tahiti, um einen sogenannten Venustransit zu beobachten, ein seltenes astronomisches Phänomen, bei dem der Planet Venus vor der Sonne vorüberzieht.

Zu dieser Zeit waren sechs Planeten bekannt, die eine Umlaufbahn um die Sonne beschrieben, aber es gab noch keine Vorstellung davon, wie groß das Sonnensystem gemessen in Meilen oder Kilometern sein mochte.

Bereits 1716 hatte der englische Astronom Edmond Halley

erkannt, dass sich die Entfernung zur Venus berechnen ließ, indem man einen Venustransit von mehreren Standorten auf der Erde aus beobachtete. Damit war eine Vorstellung vom Ausmaß des Sonnensystems in Reichweite gerückt.

Kapitän Cook gehörte also nicht nur zu den Ersten, die Karten über die Inseln des Stillen Ozeans zeichneten, er trug auch zur ersten Vermessung des Sonnensystems bei.

ZEIT UND RAUM

Wenn wir uns im Weltraum orientieren wollen, müssen wir zwei Gedanken gleichzeitig im Kopf haben: Zeit und Raum. Diese beiden Dimensionen sind untrennbar miteinander verbunden, denn ins Universum hinauszublicken bedeutet, in der Zeit zurückzuschauen.

Das Bild, das wir von etwas so Lokalem wie unserem eigenen Mond empfangen, ist eine gute Sekunde alt und gehört also bereits in eine andere Zeit als unsere. Das Licht der Sonne erreicht uns mit ungefähr acht Minuten »Verspätung«. Und das Foto, das die Voyager 1 von der Erde gemacht hat, ist nicht gerade eine Momentaufnahme. Es zeigt, wie die Erde vom Rand des Sonnensystems ausgesehen hat, ungefähr fünfeinhalb Stunden, ehe das Bild gemacht wurde.

Wenn wir uns außerhalb unseres eigenen Sonnensystems orientieren, werden solche Verspätungen sehr viel größer. Wir können nicht wissen, wie ein Stern am Himmel heute aussieht, sondern nur, wie er vor langer Zeit ausgesehen hat, vielleicht sogar in einer fernen Vergangenheit. Ein Stern kann längst kollabiert sein, bis uns eine solche kosmische »Nachricht« erreicht. Und wenn wir das Licht ganzer Galaxien außerhalb der Milchstraße erahnen, geht es um Entfernungen in Raum und Zeit, die Millionen von Lichtjahren betragen.

Zwei Sterne – zum Beispiel im selben Sternbild – können, mit bloßem Auge betrachtet, wie enge Nachbarn am Nachthimmel wirken, obwohl sie in Wirklichkeit weit voneinander entfernt sind. Das Licht des einen Sterns war vielleicht nur wenige Jahre durch den Raum unterwegs, während das Licht des anderen jahrtausendelang gereist ist.

Es gibt kein absolutes »Jetzt«, das für das gesamte Universum gilt. Wir müssen uns mit einem begrenzten »Hier und Jetzt« begnügen. Die Vorstellung eines »Jetzt« ergibt nur für unsere allernächste Umgebung einen Sinn, jedenfalls, wenn wir uns an Einsteins Relativitätstheorie halten.

Es gibt ebenso viele Zeitpunkte des »Jetzt« im Universum, wie es Beobachtungspunkte gibt. Und es existiert keine gemeinsame »Gegenwartsfläche«, die diese Positionen miteinander verbindet.

Wir können uns in Schnee oder Heidekraut legen und in die Nacht hinausblicken. (Das tun wir viel zu selten!) Von hier aus können wir auf die Sterne und die Sternbilder deuten und das beschreiben, was wir sehen: Sieh dort! … Sieh doch nur!

Aber zu fragen, wie das Universum als Ganzes gerade jetzt *ist,* ergibt keinen Sinn. Das Universum ist »gerade jetzt« rein gar nichts. Alles im Universum geschieht oder vergeht, und zwar in Lichtgeschwindigkeit.

Aber nicht nur die Trödelei des Lichts macht es schwierig, uns ein Bild des Raum-Zeit-Kontinuums zu machen, also der Ausdehnung des Universums in Zeit und Raum. Die Sterne bewegen sich zudem in einem wahnwitzigen Tempo im Verhältnis zueinander.

Nicht zuletzt jagen die Galaxien mit explosiver Schnelligkeit auseinander. Wir leben in einem expandierenden Universum. Das vor fast vierzehn Jahrmilliarden mit dem Urknall begonnen hat.

*

Auch in unserem täglichen Leben müssen wir uns in Zeit und Raum orientieren. Es reicht nicht, wenn wir verabreden, wo wir uns treffen wollen. Wir müssen auch klären, wann. Wenn wir uns an die vereinbarten zeitlichen und räumlichen Koordinaten halten, werden wir uns garantiert treffen. Nicht aber, wenn wir nur festlegen, dass wir irgendwann nächste Woche an der Ecke Universitetsgate und Karl Johans gate Ausschau nacheinander halten werden. Es reicht auch nicht zu sagen, dass wir uns am 16. Mai um 19.30 Uhr in Oslo treffen wollen.

So war es immer schon, und so ist es noch heute, aber seit einigen Jahren brauchen wir unsere Verabredungen nicht mehr ganz so sorgfältig zu planen. Wir verfügen jetzt über ganz neue Hilfsmittel. Dabei denke ich vor allem an das Mobiltelefon. Das hat es leichter gemacht, eine Verabredung zu treffen. Es hat es zudem leichter gemacht, einen vereinbarten Treffpunkt zu finden. Und es hat eine Uhr, die ganz genau geht.

Vor wenigen Jahren noch war es möglich, die genaue Uhrzeit oder den genauen Treffpunkt zu vergessen oder misszuverstehen, und wenn das mehr als einmal passierte, dann konnte es zum Ende einer Freundschaft oder einer Liebesbeziehung führen.

Jemand stand lange an einer Straßenecke und bekam immer schlechtere Laune, weil das Gegenüber zu spät kam oder an einer anderen Ecke wartete. Eine Fehlerquote von einem Straßenblock oder einer Viertelstunde konnte ausreichen, um einander zu verpassen. Welcher Irrtum es war – einige Meter oder einige Minuten –, konnte wechseln, die Folgen waren immer dieselben.

Heute können wir innerhalb weniger Sekunden per Handy eine Verabredung annullieren. Wir können darüber lachen, dass wir uns falsch erinnert oder um einige Minuten verspätet haben, und es ist für uns selbstverständlich, die Welt und unser Leben auf diese flexible und korrigierbare Weise zu organisieren.

Wenn wir uns zu Beginn der 1970er-Jahre an einem Sommerabend treffen wollten, gingen wir einfach in die Stadt und begegneten einander vielleicht zufällig auf der Straße oder schauten in einer Kneipe vorbei; zu meiner Zeit gab es nur drei oder vier, die dafür in Betracht kamen. Und wenn wir die gesuchte Person dort nicht fanden, trafen wir vielleicht andere, und mit etwas Glück wusste jemand von diesen anderen genau, wo die, nach der wir eigentlich Ausschau gehalten hatten, sich an diesem Abend aufhielt. Die Buschtrommel ruhte nie.

Gewiss war die Stadt kleiner als heute. Aber wichtiger ist, dass es keine Handys gab. Wir waren frei wie die Vögel. Und das war eigentlich auch sehr schön.

Wir lebten mehr im Jetzt. Und während ich das schreibe, fällt mir ein Augenblick ein, den ich niemals vergessen werde. Ich saß auf meinem Platz im Naturkundesaal der Årvoll-Schule. Ich war zwölf Jahre alt und nicht besonders aufmerksam im Unterricht. Ich starrte aus dem Fenster und hinaus auf den Årvollvei.

Dort, oben auf der Straße, ging eine Frau mit einem Kinderwagen, und an der Hand hielt sie ein größeres Kind, vermutlich die ältere Schwester oder den älteren Bruder des Kindes im Wagen.

Ich beschloss, diesen Augenblick festzuhalten, diesen einen Punkt in einem viel größeren Bild, diesen präzisen Ausschnitt oder Aspekt von – ja, im Grunde von der Ewigkeit.

Die allermeisten Eindrücke in meinem Leben habe ich vergessen, diesen jedoch nicht, der hat sich eingebrannt. Er gehört zu den entscheidenden Eindrücken in meinem Leben, vielleicht ist er das »Hier und Jetzt« meines Lebens!

Als ich ein Kind war, haben wir fast den ganzen Sommer in unserer Hütte im Gebirge verbracht, zu der wir auch heute noch fahren, an dem See, den wir Hengsen nennen. Dort hatten wir weder Strom noch Telefon, und wenn uns im Laufe des Sommers eine Tante und ein Onkel besuchen wollten, musste das viele Wochen im Voraus verabredet werden.

Wir konnten Zeitungen und Briefe empfangen, die mit dem Milchwagen zur Milchrampe unten auf der Gebirgsstraße gebracht wurden, und wenn etwas aus jener Zeit mir noch immer in den Knochen steckt, dann die vielen Wege von und zu der Milchrampe, anderthalb Kilometer in jeder Richtung.

Dieselbe Strecke mussten wir einige Male mit großen Rucksäcken zurücklegen, um Lebensmittel zu holen. Auch die wurden mit dem Milchwagen zur Milchrampe gebracht.

Aber wir hatten Zeit genug. Wir dachten nicht darüber nach, dass es ein weiter Weg war. Die Tage waren lang.

Und wir konnten auf dem Hin- und Rückweg im See Hengsvatnet baden.

Meine Eltern waren Lehrerin und Lehrer und hatten deshalb zwei Monate Sommerferien. Das nahm ein jähes Ende, als mein Vater, also euer Urgroßvater, dann in die Schulverwaltung aufrückte und kürzere Ferien hatte. Von da an waren wir mit meiner Mutter allein in den Bergen.

Wenn wir meinem Vater etwas Wichtiges mitteilen, ihn etwas fragen oder einfach mit ihm reden wollten, weil er uns fehlte, mussten wir kilometerweit zu einer Telegrafenstation unten im Dorf laufen und ein Ferngespräch anmelden. Unsere Familie hatte natürlich nur ein Auto, die meisten hatten nicht einmal das, und meine Mutter besaß keinen Führerschein.

Es kam vor, dass wir mit dem Zug von Oslo zum Bahnhof Ål und von dort mit dem Milchwagen in die Berge fuhren. Diese letzte Strecke betrug ungefähr zwanzig Kilometer, und so weit ist es noch immer. Aber zwanzig Kilometer mit dem Milchwagen in den 50er- und 60er-Jahren waren etwas ganz anderes als zwanzig Kilometer mit einem Auto von heute.

Zwanzig Kilometer mit dem Milchwagen waren inhaltsreicher. Ich will nicht sagen zeitraubender, sondern sie waren immer inhaltsreich.

Meine Eltern hatten schon lange vorher vereinbart, an welchem Tag mein Vater ins Gebirge fahren würde, und wir Kinder konnten stundenlang vor dem Südfenster sitzen und auf dem Almweg unten bei Hengstvatnet Ausschau nach einem blauen DKW halten. Das war keineswegs langweilig, denn wenn überhaupt ein Auto auftauchte, dann stand zu fünfzig Prozent fest, dass es mein Vater war.

Die Leute, die auf der Alm arbeiteten, benutzten damals kein Auto. Unter der Woche waren die Sennerinnen mit den Kühen, Schweinen und Hühnern allein dort oben. Die Männer besuchten ihre Frauen am Samstag, aber sie kamen mit Pferd und Wagen und brachten oft Lebensmittel mit.

Wir waren nicht die Einzigen, die dort oben eine Hütte hatten. Auch wenn wir nicht auf Vater warteten, konnte es sein, dass wir unten auf dem Weg ein in eine Wolke aus Staub und Sand gehülltes Auto sahen. An manchen Tagen setzten wir uns auf den Zaun vor der Almwiese, falls ein Auto vorbeikäme. Dann öffneten wir das Tor und konnten zehn oder fünfundzwanzig Öre verdienen, vielleicht sogar jeder einen Zehner. Wenn die »Amerikaner« kamen, gab es in der Regel Süßigkeiten aus den USA. Wir nannten sie »Amerikaner«, weil sie in den USA wohnten, wenn nicht gerade Sommerferien waren.

Aber eigentlich warteten wir auf meinen Vater. In der Regel war ausgemacht, dass er kommen würde, ehe wir ins Bett müssten, oder jedenfalls bevor es in der Julinacht halb dunkel wurde. Aber einige Male passierte es, dass er vier oder gar sechs Stunden später eintraf, als er es mit meiner Mutter verabredet hatte. Mutter tröstete uns dann, und wir trösteten Mutter. Es musste ja nicht unbedingt etwas passiert sein …

So etwas war damals ganz normal. Vormittags brachte das Radio Mitteilungen für Leute, die unterwegs waren, zum Beispiel Campingtouristen, die tagelang nicht per Brief oder Telefon zu erreichen waren. Da konnte es dann heißen: »Wir haben eine Nachricht für den Halter des blauen Ford Taunus mit dem Kennzeichen A – 67426, unterwegs in Trøndelag. Seine Mutter ist gestorben.«

GEOLOGISCHE ZEIT

Wir Menschen sind zu einem kurzen Besuch auf der Welt und hinterlassen einige flüchtige Spuren, ungefähr wie Ringe in einem stillen Bergsee, nachdem gerade ein Fisch gesprungen ist.

Aber auch die Zeit hinterlässt ihre Spuren, das habe ich eines Morgens am Fuße von Reineskarvet erfahren. Ich war sieben oder acht Jahre alt.

Wir hatten den steilen Hang oberhalb von Reinestolen erklommen und ein flacheres Plateau erreicht, das uns einen wunderbaren Blick über die Hochebene mit den vielen Seen, Anhöhen und einigen dunklen Talmulden im Hintergrund schenkte.

Hier war das Gehen nicht so anstrengend wie zuvor an dem steilen Hang, aber es war dennoch mühsam, denn wir hatten keinen festen Boden mehr unter den Füßen. Wir durchquerten eine Halde mit lockerem Geröll. Es war, wie in Steinen zu waten.

Mein Vater erklärte uns, dass wir über eine Moräne gingen. Ich glaube, ich habe dieses Wort »Moräne« damals zum ersten Mal gehört.

Vor vielen Jahrtausenden hatte diese weitgestreckte Landschaft unter Eis gelegen, und die Steine, auf die wir jetzt traten, hatten sich vom Berg gelöst und einen breiten Moränenlauf gebildet. Mehr als hunderttausend Jahre lang war das ganze Land von massivem Eis bedeckt gewesen.

An diesem Sommertag gegen Ende der 50er-Jahre hatte ich wohl meine erste Berührung mit dem, was wir »geologische Zeit« nennen.

Ungefähr gleichzeitig hatte Charles David Keeling im Mauna-Loa-Observatorium auf Hawaii mit seinen Messungen des Kohlendioxids in der Atmosphäre begonnen.

Diese kontinuierlichen Messungen von 1958 bis heute beweisen, dass die Menge von CO_2 in der Atmosphäre zunimmt, und das liegt ohne Zweifel daran, dass die Menschen fossile Energiequellen wie Öl, Kohle und Gas verbrennen.

Fossile Brennstoffe verursachen einen verstärkten Treibhauseffekt, was zu einer schrittweisen Erwärmung der gesamten Erde führt. Auf diese Weise hat die Erdkugel eine neue Zeitskala erhalten. Im 20. und 21. Jahrhundert stehen die Jahreszahlen in einem unmittelbaren Bezug dazu, wie viele Teile pro Million oder *parts per million (ppm)* CO_2 in der Atmosphäre nachweisbar sind.

Ehe wir anfingen, während der industriellen Revolution in großem Ausmaß Kohlenstoff zu verbrennen, gab es in der Atmosphäre ungefähr 280 ppm CO_2 ein Niveau, das sich durch Jahrhunderttausende überraschend stabil gehalten hat. In immer rascherem Tempo ist seither der CO_2-Gehalt in der Luft auf das heutige Niveau von 415 ppm gestiegen. Das sind ungefähr fünfzig Prozent mehr als das natürliche Niveau zu der Zeit, in der wir noch keine fossilen Energiequellen verwendet haben, und es ist das höchste Niveau von CO_2 in der Atmosphäre seit einigen Jahrmillionen.

Bei solchen Zeiträumen können wir wirklich von geologischer Zeit sprechen. Jahrmillionen!

*

Die Erde ist der einzige Himmelskörper in unserem Sonnensystem, von dem wir mit Sicherheit wissen, dass es dort Leben gibt. Innerhalb der letzten Jahrzehnte sind mehrere Tausend Planeten auch in anderen Sonnensystemen entdeckt worden, aber bisher haben wir keine klaren Beweise für Leben gefunden. Wir können also wohl annehmen, dass Leben in kosmischem Zusammenhang absolut selten ist.

Auf unserer Erdkugel waren die Verhältnisse genau so, dass Leben entstehen und sich entwickeln konnte. Hier ist es gerade kalt und gerade warm genug, um für reichlich fließendes Wasser zu sorgen, und fließendes Wasser ist eine Voraussetzung für Leben, wie wir es kennen.

Wenn die Umlaufbahn der Erde nur etwas näher an der Sonne gelegen hätte, wäre das meiste Wasser auf der Erde verdunstet, und befände sich die Erde nur ein wenig weiter von der Sonne entfernt, wäre alles Wasser an der Oberfläche des Planeten zu Eis gefroren.

Wir leben auf einem Planeten, der sich in einer »Goldhaarzone« um die Sonne befindet. Dieser Ausdruck bezieht sich auf das Märchen *Goldlöckchen und die drei Bären*. Goldlöckchen, manchmal auch »Goldhaar« genannt, ist ein anspruchsvolles Mädchen, das sich zwischen drei Portionen Brei entscheiden muss und den nimmt, der gerade so warm oder gerade so kalt ist, dass es ihn sofort essen kann. Die Parallele zu den Bedingungen für Leben im Weltraum liegt darin, dass dieses Leben ebenso wählerisch ist wie Goldlöckchen. Es braucht einen Gesteinsplaneten mit genau der richtigen Entfernung zu seinem Stern, die eine notwendige Voraussetzung für das Vorkommen von Fließgewässern ist.

Andererseits: Wenn die Astronomen irgendwann auf einen Planeten mit tiefen Meeren, rauschenden Bächen und großen Flüssen und Binnenseen, aber ohne irgendwelche Anzeichen von Leben stießen, würde die Forschung darüber wohl eher staunen, als wenn ein solcher warmer und feuchter Planet von Leben wimmelte.

Die Erde ist einer von acht Planeten, die eine Umlaufbahn um die Sonne beschreiben, und die wiederum ist einer unter mehr als hundert Milliarden von Sternen in unserer Galaxis, auch »Milchstraße« genannt, die wiederum nur eine unter vielleicht hundert Milliarden weiterer Galaxien im Universum ist – in *diesem* Universum, sollte ich vielleicht sagen.

Wir können nur über dieses Universum etwas wissen, aber es ist durchaus denkbar, dass es eine unendliche Menge anderer Universen gibt, es ist nicht einmal unwahrscheinlich.

Die fundamentalen Naturkräfte in diesem Universum scheinen verblüffend fein aufeinander abgestimmt zu sein – für ein stabiles oder »nachhaltiges« Universum mit Sternen und Galaxien, Atomen und Molekülen und damit auch mit den grundlegenden Voraussetzungen für Leben.

Dass so viele Bedingungen für Leben zusammentreffen wie

auf dieser Erde, mag rätselhaft erscheinen. Aber so ist es nun einmal. Wenn wir nicht an eine göttliche Schöpfungskraft glauben, die das Ganze »entworfen« hat, können wir uns vorstellen, dass es eine unendliche Anzahl von Universen gibt, in denen diese notwendigen Bedingungen für Leben *nicht* entstanden sind. Es wird dort also auch kein Nachdenken über das Universum geben wie das, das wir hier anstellen.

Das (unser) Universum begann mit einer rätselhaften Explosion, mit deren Nachwirkungen wir noch immer leben. Diese Explosion nennen wir den Big Bang oder den Urknall.

Was das für ein Knall war und warum es dazu kam, kann uns niemand sagen, jedenfalls nicht in unserer Dimension. Aber aus der Energie, die bei diesem Knall freigesetzt wurde, entstanden die kleinsten Teilchen, aus denen das Universum besteht und die wir Quarks nennen. Als sich das Universum dann nach und nach abkühlte, verbanden sich die Quarks zu Protonen und Neutronen und danach zu Wasserstoff- und Heliumkernen.

Vollständige Atome mit Elektronenhülle entstanden erst nach mehreren Hunderttausend Jahren, zuerst noch immer nur für Wasserstoff und Helium, die kleinsten Atome im Universum. Schwerere Atome wurden vermutlich in der ersten Generation von Sternen zusammengekocht, die schwersten in dem, was wir Supernova-Explosion nennen, und die allerschwersten Atome im Universum entstanden vermutlich durch die Kollision von zwei Neutronensternen.

Chemische Verbindungen, die wir Moleküle nennen, sind überall im Universum entstanden. Drei solche für das Leben auf unserem Planeten grundlegende Moleküle sind das Sauerstoffmolekül (O_2), das Wassermolekül (H_2O) und das Kohlendioxidmolekül (CO_2). Ungefähr ein Fünftel der Moleküle in der Atmosphäre sind Sauerstoffmoleküle, und Kohlendioxid macht nur 0,04 Prozent aus, also diese 415 Teile pro Million, von denen bereits die Rede war.

Der große Knall geschah vor 13, 8 Milliarden Jahren, und unser Sonnensystem entstand vor 4,6 Milliarden Jahren. Die Erde erreicht also ein Drittel vom Alter des Universums. Diese Vorstellung versetzt mich fast in gute Laune, wenn ich an unseren Planeten denke, und damit auch ein wenig für mich selbst.

Zuerst war der Erdball heiß und rot glühend. Als der Planet dann abkühlte, entstanden komplizierte Moleküle oder »Makromoleküle«. In diesem frühen Stadium der Erdgeschichte gab es noch keinen freien Sauerstoff in der Atmosphäre, und es gab keine Ozonschicht, um den Planeten vor der ultravioletten Strahlung der Sonne zu schützen. Aber gerade diese Bedingungen waren notwendig, damit sich aus einer »Ursuppe« von Makromolekülen primitive Lebensformen oder lebende Zellen bildeten, was vor mehr als drei Milliarden Jahren geschah.

Wie und wo das Leben genau entstanden ist, wissen wir nicht, vielleicht im Meer, aber möglicherweise sind die Zutaten, die zum Leben zusammengerührt wurden, auch mit kollidierenden Himmelskörpern auf die Erde gekommen, es ist jedenfalls wahrscheinlich, dass ein Großteil des Wassers auf unserem Planeten auf diese Weise von außen kam.

Durch einen chemischen Prozess, die sogenannte Photosynthese, begannen einzellige Organismen, freien Sauerstoff oder O_2 zu produzieren, ohne den kein Tier leben kann. Mit der Zeit entstand auch eine Ozonschicht, die das Leben auf der Erde vor schädlicher UV-Strahlung schützt.

Für mich ist es ein faszinierendes Paradoxon, dass genau die Bedingungen, die notwendig waren, um das Leben auf unserem Planeten entstehen und komplexere Organismen sich entwickeln zu lassen – also freier Sauerstoff in der Atmosphäre und eine schützende Ozonschicht –, auch einmal nicht vorhanden waren. (In der Kindheit des Planeten hätte freier Sauerstoff in der Atmosphäre die Bausteine des Lebens oxidieren lassen, ehe sie komplizierte Makromoleküle, zum Beispiel Aminosäuren, bilden konnten. Und eine Ozonschicht hätte die ultraviolette Strahlung reduziert, die vielleicht ein wichtiger Katalysator bei der Entstehung des Lebens war.)

Heute entsteht auf der Erde kein neues Leben, nur das vorhandene pflanzt sich fort. Seit mehr als drei Jahrmilliarden ist hier kein neues Leben mehr entstanden. Was damals passiert ist, passierte wohl nur ein einziges Mal.

Das Leben auf der Erde hat eine Atmosphäre geschaffen, die einen Teil der Wärmestrahlung der Sonne festhält und verhindert, dass die gesamte Wärmestrahlung der Sonne in den Weltraum zurückgeworfen wird. Dieses Phänomen nennen wir den Treibhauseffekt. Ohne diese Atmosphäre mit ihren »Treibhausgasen« wäre es hier viel kälter und damit unwirtlich für das Leben, wie wir es kennen.

Der Treibhauseffekt ist also natürlich und nicht von Menschen geschaffen. Ein wichtiges Treibhausgas ist Kohlendioxid oder CO_2. Obwohl wir diesem Gas dafür dankbar sein können, dass wir nicht erfrieren, nimmt seine Menge jetzt aufgrund menschlicher Aktivitäten so stark zu, dass wir die globale Erwärmung oder den von Menschen geschaffenen Klimawandel fürchten müssen.

Auch das ist in gewisser Weise ein Paradoxon: Ohne den natürlichen Treibhauseffekt würde die Erde aussehen wie ein lebloser Schneeball, die Erdoberfläche wäre nicht weniger als dreiunddreißig Grad kälter als heute. Aber durch den von Menschen geschaffenen Anstieg des Treibhauseffektes kann die Erde innerhalb weniger Jahre durch Überhitzung unbewohnbar werden.

Bei der Photosynthese ziehen die Pflanzen Kohlendioxid aus der Luft und bilden daraus pflanzliche Materie, die von Tieren verzehrt werden kann, während dasselbe Gas (CO_2) durch den Atem der Tiere und bei der Zersetzung von organischem Material, zum Beispiel bei Verwesung, auch wieder in die Luft entlassen wird. Bei der Photosynthese entsteht zudem freier Sauerstoff oder O_2, den Menschen und Tiere zum Atmen benötigen. Auf diese Weise sorgen die Prozesse des Lebens für einen natürlichen Kohlenstoffkreislauf.

Auch in der leblosen Natur gibt es diese Balance. Bei geophysikalischen Prozessen wie Vulkanausbrüchen wird CO_2 in die Atmosphäre abgegeben. Aber zugleich gelangt CO_2 durch langsame Verwitterungsprozesse und Sedimentierung von totem organischen Material zurück auf den Meeresboden. Dieser Zyklus ist viele Jahrhunderttausende hindurch mehr oder weniger konstant geblieben, und die Menschheit hatte (bis vor Kurzem) keinerlei Einfluss darauf.

Ich habe Wörter wie »Zyklus« und »Kohlenstoffkreislauf« verwendet. Nun aber geschieht etwas, was diesen Kreislauf oder dieses Gleichgewicht gewaltig stört. Ich denke an die Kohlenstoffmengen, die aus den Pflanzen- und Tierüberresten früherer Zeiten stammen und über Jahrmillionen in Form von Kohle, Öl und Gas in der Erdkruste gespeichert waren, also »abgelagert« und dem Kreislauf entzogen.

Jahrmillionenlang lagen diese Kohlenstoffvorräte dort, aber dann, gleichsam über Nacht, werden sie von den Menschen ausgegraben, angezündet und als Kohlendioxid in die Atmosphäre gepumpt. Dadurch entsteht ein plötzliches Ungleichgewicht, eine Unterbrechung im Kreislauf. Immer mehr CO_2 gelangt in die Atmosphäre – wie Keeling durch seine Messungen nachgewiesen hat –, und die Erde wird immer wärmer.

Obwohl die Menge von CO_2, die aufgrund von menschlichen Aktivitäten in die Atmosphäre abgegeben wird, nur ein Bruchteil des natürlichen Kreislaufs ist, entsteht dadurch ein solcher Überschuss, dass die Natur ihn nicht in der Erdkruste binden kann. Stattdessen sammelt sich die Menge an CO_2 in der Atmosphäre – und im Meer.

Das ist wie mit Kalorien in der Nahrung. Wenn du jeden Tag etwas mehr an Kalorien zu dir nimmst, als dein Körper braucht – sagen wir, eine Waffel oder ein Marzipanbrot –, dann fängst du irgendwann an zuzunehmen. Auf dieselbe Weise lagert sich in der Atmosphäre immer mehr CO_2 ab. Jeden Tag stoßen die Menschen etwas mehr CO_2 aus, als die Natur braucht, um Pflanzen und Bäume am Leben zu erhalten.

Wir reden hier von gigantischen Kohlenstoffmengen, welche durch natürliche Prozesse im Laufe von Jahrmillionen der Luft entzogen und in der Erdkruste deponiert wurden. Dann aber, in nur zwei Jahrhunderten, stellen wir den Planeten auf den Kopf, um uns dieser Lager zu bemächtigen, verbrennen sie im Handumdrehen und entlassen die Treibhausgase in die Atmosphäre. Zuerst, ohne zu ahnen, wie sehr wir Natur und Umwelt schädigen, aber dann im klaren Bewusstsein dessen, was wir hier anrichten.

Dasselbe lässt sich über unsere mangelhafte Verwaltung der Naturgebiete sagen. Die Wälder, Moore und Feuchtgebiete der Welt binden große Mengen Kohlenstoff, auch hier in unserer nördlichen Klimazone. Vor allem aber gehören die tropischen Regenwälder zu den größten Kohlenstofflagern der Welt. Mit ihrem Reichtum an einzigartigen und unersetzlichen Tier- und Pflanzenarten nehmen sie darüber hinaus eine Sonderstellung ein.

Heute, im Jahr 2021, besteht weltweit Einigkeit darüber, dass die Menschheit dringend aufhören muss, Klimagase freizusetzen, und Abholzen und Verbrennen der Regenwälder sofort ein Ende nehmen müssen. Aber nicht alle wollen sich an diesen gemeinsamen Anstrengungen beteiligen. Es gibt eine Minderheit, auch in Norwegen, die behauptet, nicht an den von Menschen verursachten Klimawandel zu glauben. Sie reden von Tatsachen als »Fake News«. Oder wie ein ehemaliger Spitzenpolitiker sagte: Ich glaube nicht an einen von

Menschen verursachten Klimawandel, denn wenn da etwas dran wäre, hätten die Politiker das Problem längst gelöst. Diese Argumentationsweise ist ein Zirkelschluss und verdient den Namen »Teufelskreis«.

Viele Klimaforscher meinen, es wird nicht ausreichen, die Freisetzung von Klimagasen zu stoppen. Die Lage ist bereits so prekär, dass wir außerdem Möglichkeiten finden müssen, der Atmosphäre Kohlenstoff zu entziehen.

Um es kurz zu machen: In den auf der Erde lagernden Vorräten an Öl, Kohle und Gas waren seit Jahrmillionen gewaltige Mengen Kohlenstoff gebunden, die nur darauf warteten, verbrannt zu werden und sich in die Atmosphäre abzusetzen. Seit Ende des 18. Jahrhunderts verlockten uns diese fossilen Brennstoffe so, wie der Geist in der Lampe Aladin verlockt hat. »Holt uns aus der Lampe«, flüsterten die Kohlenstoffe, »dann werden wir euch dienen und euch reich und mächtig machen!« Und wir haben uns verlocken lassen. Jetzt versuchen wir, den Geist zurück in die Lampe zu bekommen. Aber das hat sich als unendlich viel schwieriger erwiesen, als damals die Superkräfte loszulassen.

Wenn alles, was es an Öl, Kohle und Gas auf diesem Planeten noch gibt, abgebaut und in die Atmosphäre entlassen wird, kann unsere Zivilisation nicht überleben. So weit wird es aber kaum kommen, denn schon heute sehen wir ein breites internationales Engagement für eine radikale Energiewende und vielleicht auch ein Ende dessen, was wir mit dem Begriff »Konsumgesellschaft« verbinden.

Und doch: Während ich diesen Brief schreibe, betrachten

es viele Länder und Regierungen noch immer als ihr Recht, jeglichen fossilen Brennstoff auf ihrem eigenen Territorium abzubauen und zu verbrauchen. Warum sollte es also nicht auch das Recht der betroffenen Nationen sein, mit ihren Regenwäldern zu machen, was sie wollen?

Worin liegt der Unterschied? Worin liegt der Unterschied, wenn wir an den globalen CO_2-Ausstoß denken? Und worin liegt der Unterschied, wenn es um den Verlust von Tier- und Pflanzenarten geht?

FUNKSIGNALE

Bisher haben wir auf anderen Himmelskörpern noch keine Anzeichen von Leben gefunden. Das bedeutet natürlich nicht, dass es dort draußen nicht auch einfache Formen des Lebens gibt. Es ist nicht einmal unwahrscheinlich, dass wir eines Tages auf einem Mond in unserem eigenen Sonnensystem einfache Lebewesen finden werden, wenn auch vielleicht nicht auf dem Mars. Wir haben mit der Suche nach mikroskopisch kleinem Leben in unserer allernächsten Nachbarschaft ja gerade erst angefangen.

Aber auch nach jahrelangem Horchen in alle Himmelsrichtungen haben wir noch keine Funksignale von einer fernen Zivilisation erhalten.

Auch wenn wir für den Moment hier noch mutterseelenallein sind, ist es natürlich vorstellbar, dass auf einzelnen, weit verstreuten Inseln im galaktischen Raum-Zeit-Kontinuum schon intelligente Zivilisationen existiert haben, als es noch keine Menschheit gab, die ihre Signale auffangen konnte.

Wenn wir jemanden treffen wollen, müssen wir in Zeit und Raum ins Schwarze treffen, und wenn wir von unseren eigenen Erfahrungen ausgehen, haben wir keinerlei Grund zu der Annahme, dass intelligente Zivilisationen mehr als einige

Zehntausend Jahre überdauern, was mit kosmischen Maßstäben gemessen doch nur ein Augenblick ist.

Wir können zudem davon ausgehen, dass intelligente Wesen in unserer eigenen Galaxis ebenso auf Kohlenstoffverbindungen basieren wie das Leben auf unserer Erde. In der Milchstraße gibt es mehr als genug Kohlenstoff und Wasser, und wo es kohlenstoffbasiertes Leben gibt, werden sich früher oder später auch Lager von fossilem Kohlenstoff bilden.

Wir können uns deshalb vorstellen, dass auch fremde Zivilisationen, um ein gewisses technologisches Niveau zu erreichen, in eine Krise ihrer Atmosphäre geraten sein könnten, ähnlich wie die Klimakrise, die wir heute auf unserem eigenen Planeten erleben. Auch dort draußen könnten intelligente Wesen fossile Brennstoffe benutzt haben, auf dem Weg zu einer hochtechnologischen Zivilisation, die sie schließlich befähigt hat, Funksignale in den Weltraum zu senden.

Aber warum haben uns solche Lebenszeichen nicht erreicht? Könnte es mit der Verbrennung von fossiler Energie auch dort draußen zusammenhängen und also mit mehreren kollabierten Atmosphären?

Dieses gedankliche Experiment ist spekulativ und die Frage rhetorisch. Ich will damit nur auf eines hinaus: Je weniger wir uns als fähig erweisen, unsere eigene Atmosphäre zu erhalten, umso weniger können wir erwarten, Signale von anderen Zivilisationen im Weltraum aufzufangen …

Und damit überlasse ich euch das Wort, Leo, Aurora, Noah, Alba, Julia und Máni, ihr Lieben alle. An einem sonnigen Frühlingstag des Jahres 2021, wenn ich hier vor dem Bildschirm sitze, gibt es so viel, über das ich mit euch in der Zukunft gern ausführlicher reden würde, nicht zuletzt mit dir, lieber Máni, dem Kleinsten. (Eine Voraussetzung für ein solches Gespräch wäre natürlich, dass ich noch immer am Leben bin.)

Wie wird es bei euch aussehen, wenn das Jahrhundert etwas weiter fortgeschritten ist? Ist auf der Suche nach Leben im Universum ein Durchbruch erzielt worden?

Wenn man eine Art von einfachen Organismen gefunden hätte, zum Beispiel auf einem der Jupitermonde, wäre das eine epochale Entdeckung, denn dann wären wir hier nicht mehr allein. Und sollte es auch anderswo ein Gewinnerlos geben (also Leben), steigt die Wahrscheinlichkeit doch gewaltig, dass Leben kein so seltenes Phänomen ist, wie wir uns das bisher vorgestellt haben, sondern eher das Normale, und dass auf zahllosen Himmelskörpern allein in unserer Galaxis lebende Organismen existieren müssen. Denn wie ich ja schon erwähnt habe: Erst jetzt wissen wir, dass es diese Himmelskörper gibt. Bis heute sind bereits an die viertausend sogenannte Exoplaneten nachgewiesen, das heißt Planeten, die sich in einer Umlaufbahn um einen anderen Stern als unsere Sonne bewegen.

Ich stelle mir also vor, dass das, was ich hier schreibe, noch gegen Ende des 21. Jahrhunderts gelesen wird. Wie ist die Lage dann, sagen wir in siebzig oder achtzig Jahren? Sind inzwischen irgendwelche Lebenszeichen aus dem Weltraum eingetroffen?

Ich frage nicht, ob es bereits zu einem Dialog mit anderen

Zivilisationen gekommen ist, denn wegen der großen Entfernungen – und wegen der irritierenden Langsamkeit des Lichtes – vergehen zwischen den kosmischen Repliken möglicherweise mehrere Hundert oder Tausend Jahre.

Zum Beispiel könnte ein Anruf von einem tausend Lichtjahre entfernten Standpunkt kommen: »Hallo, ist da jemand?« Und dann antwortet die Menschheit in einer Art kosmischem Esperanto: »Ja, wir sind hier!« Diese Antwort wird die außerirdische Zivilisation erst ungefähr zweitausend Jahre nach dem Abschicken ihrer Botschaft erreichen, und erst nach weiteren tausend Jahren wird eine eventuelle Reaktion bei uns eintreffen. Dreitausend Jahre also, um zu sagen »Hallo, ist da jemand?« – »Ja, wir sind hier!« und »Das ist ja lustig. Was fangen wir jetzt an?«.

Wird unsere eigene Zivilisation so lange überleben? Werden unsere Nachkommen in ferner Zukunft noch immer eine Sprache verwenden, die einer der heute auf der Erde gesprochenen auch nur entfernt ähnelt? Das ist eine wichtige Frage.

Eine Voraussetzung für die Kommunikation mit Zivilisationen weit draußen im Weltraum ist, dass wir mit unseren eigenen Nachkommen kommunizieren können, und je weiter draußen im Weltraum sich eine außerirdische Zivilisation befindet, umso länger muss unsere eigene existieren, um mit ihr kommunizieren zu können.

Hier muss ich an die Geschichte von drei finnischen Holzfällern denken, die in einer Waldhütte sitzen und Wodka trinken. Nach einer Stunde hebt der eine sein Glas und sagt: »Prost!« Nach einer weiteren Stunde hebt der zweite sein Glas und antwortet: »Prost!« Und nach wieder einer Stunde schaltet sich der dritte Trinkkumpan sichtlich verärgert ein: »Sind wir hier, um zu saufen oder um Schwachsinn zu reden?«

Also! Habt ihr gegen Ende des 21. Jahrhunderts Anzeichen für die Existenz außerirdischer Intelligenz gefunden? Das wüsste ich gern. Und wenn nicht, was sagen die Astronomen dazu? Oder die Philosophen?

Ich glaube, ich muss die Frage viel allgemeiner stellen: Habt ihr vom Ende des 21. Jahrhunderts etwas zu erzählen, das einen Großvater, der hier vor siebzig oder achtzig Jahren vor seinem Computer gesessen und geschrieben hat, überraschen, schockieren oder freuen würde?

Jetzt redet doch! Denkt nicht daran, dass ich nicht hören kann, was ihr sagt. Sagt es trotzdem! Dann haben wir endlich eine Art Gespräch, anders als diese zechenden Holzfäller in ihrer Waldhütte.

Als ihr klein wart, habe ich euch ab und zu gefragt, wie es euch geht, und ihr habt mir geantwortet, so gut ihr das konntet, manchmal nur durch ein Schnaufen oder Grunzen. Und auch als ihr noch nicht sprechen konntet, wie du heute, lieber Máni, war es nicht unsinnig, dass ich mit euch gesprochen habe, denn ihr konntet doch immerhin meine Stimme hören.

Jetzt, am Ende des 21. Jahrhunderts, ist es anders. Ihr hört meine Stimme nicht mehr. Aber ihr könnt – mithilfe der Schrift – verstehen, wonach ich euch frage. Ich will wissen, wie es euch geht, genau wie früher. Ich will vor allem wissen, wie es euch geht!

Obwohl ich es jetzt bin, der eure Antwort nicht verstehen kann. In gewisser Weise haben wir die Rollen getauscht.

Vor allem denke ich daran, was aus unserem Planeten werden wird. Aus meinem Planeten. Denn er gehört auch mir, dieser Planet wird für alle Zeit mir gehören, darauf lege ich Wert. Ich will den Glauben an jenes Erlebnis als unglücklicher Teenager mitten im tiefen Wald bewahren: Dass ich mich nicht nur auf diesem Planeten befinde, sondern dass ich dieser Planet *bin.* Auf diese Erde habe ich von alters her gewissermaßen ein Anerbenrecht.

Wie viel CO_2 enthält die Atmosphäre jetzt, wenn ihr diesen Brief lest? Und wie weit ist die durchschnittliche Temperatur auf der Erde inzwischen gestiegen? Nach den ersten fünfzehn Jahren dieses Jahrhunderts war das Ziel: Nicht mehr als maximal zwei Grad Temperaturanstieg gegenüber dem Zeitpunkt, als wir anfingen, fossile Brennstoffe zu nutzen. Diese weltweite Übereinkunft hieß Pariser Abkommen, da sie am 12. Dezember 2015 in Paris beschlossen wurde. Ist es dabei geblieben? Oder ist die Temperatur um katastrophale drei oder vier oder fünf Grad gestiegen?

Bitte antwortet mir! Zu welchen Klimaveränderungen hat die globale Erwärmung geführt?

Wie steht es um das Grönlandeis? Oder um das Eis in der Antarktis? Wie weit ist das Meer gestiegen? Und wie sieht die Forschung am Ende des 21. Jahrhunderts die zukünftige Entwicklung?

Wie viele Inseln im Pazifik mussten aufgegeben werden? Sagt es mir! Welche Küstengebiete wurden vom Meer verschlungen? Und was ist aus den Städten an diesen Küsten geworden?

Wo sind Ökosysteme zusammengebrochen? Wie viel

Landwirtschaft gibt es zum Beispiel noch in Afrika südlich der Sahara? Wie steht es um die Ernährungssicherheit für die Weltbevölkerung?

Tummeln sich in der afrikanischen Savanne noch Gnus und Antilopen, Elefanten und Giraffen, Löwen und Leoparden? Ziehen sie noch immer jedes Jahr zwischen Serengeti und Masai Mara hin und her, oder klaffen in diesem Mosaik jetzt hässliche Löcher?

Und wie ist es mit dem Amazonas weitergegangen? Sagt jetzt bloß nicht, danke, uns geht es gut, aber den großen Regenwald in Südamerika gibt es nicht mehr, er ist zu einer einzigen Savanne geschrumpft oder vielleicht zu einer ausgedehnten Prairie, einer neuen Cowboylandschaft …

Und das Meer? Wie geht es dem? Was ist aus den Korallenriffen geworden? Und was ist mit dem Fischbestand?

Und mit dem Golfstrom?

Es gibt noch eine weitere Frage, die ich unbedingt loswerden muss: Hat es im Laufe des Jahrhunderts einen Atomkrieg gegeben? Regional oder weltweit?

Wie hat er angefangen, und was ist aus den Ländern und Menschen geworden?

Nein, jetzt wage ich nicht mehr, euch noch weitere Fragen zu stellen. Fast bin ich froh darüber, dass ich eure Antworten nicht mehr hören kann.

DIE BELASTBARKEIT DES PLANETEN

Ich glaube, es kommt nicht so häufig vor, dass Schriftstellerinnen oder Schriftsteller ihre eigenen Bücher lesen. Ich habe das jedenfalls noch nie gemacht. Ein Buch wird vor der Veröffentlichung so oft gelesen, und danach ist es ohnehin zu spät, um noch etwas daran zu ändern.

Aber einmal habe ich mich doch hingesetzt und mir eins meiner Bücher noch mal genauer angesehen, und zwar *Sofies Welt* mit dem Untertitel »Roman über die Geschichte der Philosophie«. Eine Sache wollte ich unbedingt nachschlagen. Und als ich das Gesuchte nicht fand, brach mir der kalte Schweiß aus. Das stimmt wirklich, es war, als öffnete sich in mir ein riesiger leerer Raum, und am Ende musste ich mir eingestehen, dass es eine wichtige philosophische Frage gab, die ich in dem Buch überhaupt nicht berührt hatte.

Stellen wir denn zu allen Zeiten dieselben philosophischen Fragen? Ich würde sagen, Ja und Nein. Viele Fragen nach der Beschaffenheit des Universums und nach unserem eigenen Platz im Dasein haben durch Jahrtausende hindurch überlebt. Etwas an der Welt verlangt nach einer philosophischen Reaktion. Der Mensch wird niemals aufhören, über seine eigene Existenz zu staunen.

Manchmal tauchen aber auch ganz neue Fragen auf, weil sich in unserer Umgebung eine radikale Änderung vollzogen hat – in Gesellschaft, Wissenschaft oder Technologie. Ein Beispiel ist die von der Computertechnologie entwickelte künstliche Intelligenz. Wird ein Computer oder ein Computernetzwerk jemals fähig sein, ein Bewusstsein oder ein Selbstbewusstsein und damit vielleicht auch Angst, Abscheu oder Freude zu entwickeln? Welchen Rechtsschutz oder welche Rechte müsste eine solche künstliche Intelligenz erhalten?

Es gibt allerdings auch philosophische Probleme, die von den Naturwissenschaften mehr oder weniger gelöst worden sind. Uralte Fragen wie die, woraus Lebewesen bestehen, wurden durch die Biologie weitgehend beantwortet. Und nachdem zu Beginn der 1950er-Jahre erstmals das DNS-Molekül beschrieben wurde, war es kein großes Rätsel mehr, wie die Eigenschaften eines Organismus von einer Generation an die andere weitergegeben werden. Über diese Fragen haben sich frühe Philosophen wie Platon und Aristoteles den Kopf zerbrochen, und das mit gutem Grund!

Aber trotzdem gibt es viel, worüber wir noch immer philosophieren können. Eine Klasse für sich bilden die moralphilosophischen Fragen wie: Was sind die wichtigsten Werte im Leben? Welche Rechte haben Menschen und Tiere oder auch die unberührte Natur? Und nicht zuletzt: Was sind die besten Gesellschaftssysteme?

Die wichtigste philosophische Frage unserer Zeit aber ist sicher: *Wie kann es uns gelingen, die menschliche Zivilisation und die Lebensgrundlagen auf unserem Planeten zu bewahren?*

Diese Frage habe ich in dem Philosophieroman, den ich

1991 schrieb, nicht berücksichtigt. Und als ich das entdeckte, brach mir der kalte Schweiß aus. Wie hatte ich so blind sein können?

Ich schreibe »die wichtigste philosophische Frage unserer Zeit«. Damit meine ich eine ganze Epoche, die ungefähr zur Zeit meiner Geburt begonnen hat und jedenfalls bis zum Ende dieses Jahrhunderts dauern wird. Wie schon ganz zu Anfang erwähnt: Ich behaupte, dass diese hundertfünfzig Jahre wohl zu den entscheidenden in der Geschichte der Menschheit und damit auch in der Geschichte des Planeten gehören werden.

Meine Generation und die meiner Kinder trägt einen Großteil der Verantwortung dafür, dass die Zukunft der Erdkugel nicht besser gesichert ist, als sie es ist, während ich dieses Buch schreibe. Mit dem Heranwachsen der nächsten Generation wird etwas von dieser Verantwortung auch an euch fallen. Zum Ausgleich werden an der Schwelle zum 22. Jahrhundert einige der größten Herausforderungen vielleicht unter Kontrolle sein oder vermutlich bald gelöst werden.

Schon früher stand die Menschheit bisweilen vor Aufgaben, die nur über mehrere Generationen hinweg gelöst werden konnten, und das hier ist nun einmal ein Brief, den ein Großvater an seine Enkelkinder schreibt.

Wie soll es uns nun aber gelingen, die Zukunft der Zivilisation und die Lebensgrundlagen auf unserem Planeten zu sichern? Dahinter verbirgt sich in Wirklichkeit mehr als nur eine Frage.

Erstens ist es ein moralphilosophisches Problem, denn ich halte es für unsere Pflicht als Menschheit, für die Zukunft unserer Nachkommen und unserer eigenen Zivilisation zu sorgen. Außerdem ist es unsere moralische Pflicht, auch die Lebensbedingungen anderer Arten als unserer eigenen zu erhalten. Wir sind es, die derzeit die biologische Vielfalt auf diesem Planeten vernichten können. Wir sind es, die jetzt hier leben.

Diese Frage hat natürlich auch eine politische Dimension. Es reicht nicht, etwas nur zu wollen, weder als Individuum noch als Gesellschaft oder als Menschheit. Die Frage ist, was erforderlich ist und was getan werden muss. Wie wollen wir unser Ziel erreichen? Welche Mechanismen sind dafür nötig? Welche ökonomischen Veränderungen muss es weltweit geben, und wie sollen wir dahin kommen? Wie lässt sich eine Grundlage für eine gerechtere Verteilung der Rohstoffe auf der Welt schaffen? Welche Privilegien wird der reichste Teil der Weltbevölkerung, der die Umwelt am meisten belastet, aufgeben müssen, freiwillig oder unter Zwang? Lassen sich die notwendigen Veränderungen überhaupt mit der unersättlichen Jagd nach Profit im Kapitalismus vereinbaren?

Ich schreibe diesen Brief mitten in einer Pandemie, die in modernen Zeiten nicht ihresgleichen hat. Wir müssen bis zur Spanischen Grippe vor hundert Jahren zurückgehen, um etwas Vergleichbares zu finden. Aber im Laufe des vergangenen Jahres haben wir gesehen, wie alle, von kleinen Kommunen bis zu Nationen und der Weltgemeinschaft – ja, wirklich, die gesamte Menschheit! –, versuchen mussten, an einem Strang zu ziehen, um notwendige Maßnahmen zu ergreifen und ihre gemeinsamen Anstrengungen zu koordinieren. Dabei ging es nicht zuletzt um ein Abwägen zwischen Freiwilligkeit und Zwang, diese sensible Balance, die ich eben schon erwähnt habe.

*

Eine wichtige Leitlinie der Ethik war von jeher die Goldene Regel oder das Prinzip der Gegenseitigkeit: »Was du nicht willst, dass man dir tu, das füg auch keinem andern zu.« Aber diese Goldene Regel darf sich nun nicht mehr nur auf eine horizontale Dimension beschränken, also »wir« und »die anderen«. Wir begreifen langsam, dass das Prinzip der Gegenseitigkeit auch eine vertikale Dimension hat: Du sollst für die nächste Generation das tun, was du dir wünschst, die Generation vor dir hätte es für deine getan.

So einfach ist das. Du sollst deinen Nächsten lieben wie dich selbst. Das muss auch die nächste Generation einbeziehen. Es muss absolut alle einbeziehen, die nach uns auf diesem Planeten leben werden.

Die Menschen auf der Erde leben ja nicht alle gleichzeitig. Vor uns haben hier Menschen gelebt, einige leben genau jetzt, und andere werden nach uns leben. Aber auch die, die nach uns leben, sind unsere Mitmenschen. Wir müssen für sie das tun, was wir wünschen, sie hätten es für uns getan, wenn sie vor uns auf diesem Planeten gelebt hätten.

So einfach ist der Code. Also dürfen wir ihnen nicht eine Erdkugel weitergeben, die weniger wert ist als die, welche uns selbst zum Leben gegeben worden ist. Weniger Fische im

Meer. Weniger Trinkwasser. Weniger Lebensmittel. Weniger Regenwald. Weniger Korallenriffe. Weniger Pflanzen- und Tierarten …

Weniger Schönheit! Weniger Wunder! Weniger Herrlichkeit und Freude!

Während des 20. Jahrhunderts wurde es immer deutlicher, dass die Weltbevölkerung auf gewisse internationale Konventionen und Verpflichtungen angewiesen ist. Ein wichtiger Durchbruch für solche übernationalen Rechtssysteme war 1948 die von der UN-Vollversammlung veröffentlichte Allgemeine Erklärung der Menschenrechte, und vielleicht stellt die *Universal Declaration of Human Rights* den bisher größten Triumph von Philosophie und Ethik dar. Denn die Menschenrechte wurden uns nicht von höheren Mächten geschenkt. Sie wurden auch nicht einfach aus der Luft gegriffen. Sie bedeuteten eine Wegscheide in einem jahrtausendelangen Entwicklungsprozess.

Eine der wichtigsten Fragen des 21. Jahrhunderts wird sein, wie lange wir uns noch auf eine Vielzahl von Rechten berufen können, ohne zugleich auch einige grundlegende Verpflichtungen anzuerkennen. Vielleicht brauchen wir dafür eine neue übernationale Verfassung. Die Zeit ist reif für eine »Allgemeine Erklärung der Menschenpflichten«. Ein Beispiel dafür, dass diese Perspektive immer mehr Aufmerksamkeit gewinnt, sind die UN-Nachhaltigkeitsideale.

Wir dürfen uns nicht mehr nur auf die Freiheiten und Rechte des Individuums konzentrieren, ohne zugleich den Blick auf die Verantwortung der einzelnen Staaten und Individuen zu richten, inklusive unserer Verantwortung für den Planeten, auf dem wir leben – der, den die Astronauten der Apollo 8 als »Erdaufgang« erlebten oder den die Voyager 1 auf einem Foto als blassblauen Punkt verewigt hat.

Wenn wir die Lebensgrundlagen auf diesem Planeten retten wollen, dann brauchen wir eine kopernikanische Wende in unserer Art zu denken. So naiv wie die Annahme, alle Himmelskörper drehten sich um unseren Erdball, ist es, zu leben, als drehte sich alles nur um unsere Gegenwart. Unsere Gegenwart ist nämlich nicht von größerer Bedeutung als alle zukünftigen Zeiten. Für uns ist natürlich unsere Zeit von allergrößter Bedeutung. Aber wir dürfen nicht so leben, als wäre unsere Zeit für die, die nach uns kommen, nicht ebenso wichtig.

Es ist nicht unbedingt egoistisch, wenn wir unsere eigene Lebenszeit lieben. Aber wir müssen die Zeit nach uns ebenso respektieren wie unsere eigene. Es wäre die kopernikanische Wende unseres Denkens, wenn wir das Gebot der Nächstenliebe befolgen.

Zwischen einzelnen Menschen und im Verhältnis zwischen den Nationen haben wir den vom Recht des Stärkeren geprägten »Naturzustand« überwunden. Aber noch immer befinden wir uns in einem Zustand grober Gesetzlosigkeit, wenn es um das Verhältnis zu zukünftigen Generationen geht.

Vielleicht war das geozentrische Weltbild naiv. Aber ist es weniger naiv, zu leben, als ob wir weitere Planeten aus dem Ärmel schütteln könnten, neben dem einen, den wir miteinander teilen?

Wie wir es mit der Religion halten, ist Sache jedes einzelnen Menschen, und dem einzelnen Menschen bleibt es auch überlassen, auf eine Erlösung dieser Welt zu hoffen. Aber wir dürfen nicht davon ausgehen, dass ein neuer Himmel und eine neue Erde auf uns warten. Ob überirdische Wesen jemals ein »Jüngstes Gericht« veranstalten werden, wissen wir nicht. Wir aber werden eines Tages von unseren Nachkommen vor Gericht gestellt werden.

Die Klimakrise und die Bedrohung der Biodiversität, der biologischen Vielfalt, haben beide mit Gier zu tun. Aber die Gierigen machen sich darum in der Regel keine Sorgen. Dafür gibt es historische Beispiele, und das beste Beispiel ist vielleicht die Gier meiner eigenen Generation. Auch in anderen historischen Epochen hat eine skrupellose Machtausübung, wie zum Beispiel durch die Sklaverei, zu unterschiedlichen Formen von Pracht und Luxus geführt. Inzwischen wurde die Sklavenwirtschaft durch eine andere Wirtschaftsform ersetzt, die auch mit Sklaverei verbunden ist, ich meine die Ölwirtschaft. Die Sklaven und Sklavinnen der Ölwirtschaft aber sind noch gar nicht geboren. Sie werden unter großen Mühen die Rechnung für unser Fest bezahlen. Natürlich haben Kohle und Öl vielen Menschen aus der Armut geholfen. Aber diese Rohstoffe haben auch viele Menschen zu einer fast grotesken Verschwendung und in eine gewaltige Überproduktion geführt.

Ein Barrel Öl, also hundertneunundfünfzig Liter, entspricht etwa zehntausend Stunden manueller Arbeit, oder sechs Arbeitsjahren. Und solche fast unvorstellbaren Energiemengen werden heute für geradezu lächerliche Beträge verkauft.

Das Öl gehört niemandem. Man kann es einfach aus dem Boden pumpen! Aber bald wird kein Öl mehr da sein. Dann können wir es auch nicht mehr verbrennen. Den Preis dafür, dass bereits solche Mengen an fossilen Rohstoffen verbrannt wurden und entsprechende Kohlenstoffmengen in die Atmosphäre entlassen worden sind, reichen wir an unsere Nachkommen weiter.

Wenn wir vom Prinzip der Gegenseitigkeit ausgingen, dürften wir uns den Verbrauch nicht erneuerbarer Energien nur so weit gestatten, wie wir sicherstellen können, dass kommende Generationen diese Energieformen nicht mehr benötigen werden.

Ethische Fragen sind nicht unbedingt besonders schwer zu beantworten. Es mangelt uns nur oft an der Fähigkeit, die Konsequenzen unserer Antworten zu bedenken. Wenn wir jedoch vergessen, an unsere Nachkommen zu denken, werden *die* uns nie und nimmer vergessen.

Die menschliche Natur verfügt über eine weitgehend horizontale und kurzsichtige Orientierungsfähigkeit. Immer schon haben wir unsere Blicke hin und her schweifen lassen, um mögliche Gefahr und mögliche Beute zu erkennen. Wir haben den natürlichen Drang, uns und unsere Angehörigen zu beschützen. Aber wir besitzen keinen entsprechenden Instinkt, um unsere fernen Nachkommen zu beschützen, von anderen Arten gar nicht zu reden.

Es liegt tief in unserer Natur als Lebewesen, unsere eigenen Gene vorzuziehen. Eine entsprechende natürliche Veranlagung, unsere Gene in vier oder acht Generationen zu beschützen, besitzen wir jedoch nicht. Das müssen wir also lernen. Wir müssen es lernen, so, wie wir sämtliche Artikel der Menschenrechtserklärung büffeln mussten. Oder, etwas anders ausgedrückt: so, wie wir diese Normen verinnerlichen und uns zu eigen machen mussten.

Seit die menschliche Spezies in Afrika entstanden ist, haben wir pausenlos darum gekämpft, dass unser Zweig nicht vom Stammbaum der Entwicklung abgehackt wird. Dieser Kampf war nicht vergebens, denn wir sind immer noch hier. Der Mensch als Art war sogar so erfolgreich, dass wir nun unsere eigenen Lebensgrundlagen gefährden. Wir waren so erfolgreich, dass wir nun die Lebensgrundlagen aller anderen Arten gefährden.

Der verspielte, erfinderische und eitle Mensch vergisst gar zu leicht, dass wir im Grunde eben doch nur ein Teil der Natur sind. Aber sind wir wirklich so verspielt, erfinderisch und eitel, dass uns das Spiel wichtiger ist als die Zukunft unseres Planeten?

Wir dürfen uns nicht länger nur auf uns selbst konzentrieren. Wir gehören schließlich zu der Erde, auf der wir leben. Auch sie ist ein wesentlicher Teil unserer Identität.

Etwas davon ist mir damals als Teenager im Morgennebel aufgegangen, als ich unter freiem Himmel übernachtet hatte – auch wenn ich es damals noch nicht in Worte fassen konnte.

Wenn ich nur ich selbst wäre, also der Körper, der hier sitzt und auf der Tastatur herumklimpert, wäre ich ein Geschöpf ohne Hoffnung. Aber ich besitze eine tiefere Identität als meinen eigenen Leib und meinen eigenen kurzen Moment auf Erden.

*

Wir Menschen werden zum großen Teil von unseren kulturhistorischen Voraussetzungen geprägt, von der Zivilisation, die uns hervorgebracht hat. Wir sagen gern, dass wir ein kulturelles Erbe verwalten. Aber wir wurden auch von der biologischen Geschichte unseres Planeten geformt. Wir verwalten auch ein genetisches Erbe. Wir sind Primaten. Wir sind Wirbeltiere.

Es hat Milliarden von Jahren gedauert, uns zu erschaffen. Aber werden wir das dritte Jahrtausend überleben?

Was ist Zeit? Zuerst kommt der Horizont des Individuums, dann der Horizont von Familie, Kultur und Schriftkultur, doch danach kommt noch das, was wir als geologische Zeit bezeichnen. Wir stammen von einigen Vierfüßlern ab, die vor gut dreihundertfünfzig Millionen Jahren aus dem Meer gekrochen sind. Und wir gehören auch zu einer kosmischen Zeitachse. Wir leben in einem Universum, das 13,8 Milliarden Jahre alt ist.

Diese verschiedenen Zeitskalen sind in Wirklichkeit nicht so klar voneinander getrennt, wie es auf den ersten Blick erscheinen kann. *Mit Fug und Recht können wir uns im Universum zu Hause fühlen.* Wie schon erwähnt, hat die Erde, auf der wir leben, genau ein Drittel vom Alter des Universums, und den Stamm der Wirbeltiere, dem wir angehören, gibt es ein Zehntel so lange wie die Erde und dieses Sonnensystem. So wenig unendlich ist das Universum. Oder, umgekehrt: So tief reichen unsere Wurzeln und unsere Verwandtschaft in den Boden der Erde und des Kosmos.

Der Mensch ist vielleicht das einzige Lebewesen im gesamten Universum, das über ein universales Bewusstsein verfügt, also über ein schwindelerregendes Gespür für dieses gewaltige und rätselhafte Weltall, von dem wir ein Teil sind. Deshalb ist es nicht nur eine globale irdische Verantwortung, die Lebensgrundlagen auf diesem Planeten zu erhalten. Es ist eine kosmische Verantwortung.

OPTISCHE FOSSILIEN

Wir sind nicht allein hier. Alle Organismen auf diesem Planeten haben eine genauso lange Geschichte wie wir, ob Mikroorganismen, Pflanzen, Pilze oder Tiere. Es mag unvorstellbar erscheinen, aber ein Mensch ist tatsächlich mit allem anderen auf der Erde verwandt. Das habe ich zu jenem frühen Zeitpunkt in meinem Leben erfahren, als ich weggelaufen war und mich im Wald verkrochen hatte.

Im Jahre 2019 präsentierte der Weltbiodiversitätsrat der Vereinten Nationen seinen ersten globalen Bericht, und was der Weltbevölkerung darin mitgeteilt wurde, war niederschmetternd: Die Ökosysteme unseres Planeten werden in raschem Tempo zerstört, und eine ganze Million Tier- und Pflanzenarten läuft Gefahr zu verschwinden. Für eine halbe Million Arten ist die Lage so kritisch, dass sie auf Dauer wohl kaum überleben werden. Der Lebensraum dieser Arten ist bereits so eingeschränkt, dass die meistbedrohten als »zum Aussterben verurteilt« bezeichnet werden. Ihre Gebiete sind zu klein, um das Überleben für länger als für wenige Jahre zu ermöglichen. Fast zehn Prozent der Pflanzen- und Tierarten auf der Welt sind im Grunde bereits ausgerottet.

Die sogenannten Roten Listen der bedrohten Pflanzen- und Tierarten werden in immer prachtvolleren Publikationen vorgestellt, mit perfekten Farbfotos der Arten, die entweder »vom Aussterben bedroht« oder »stark gefährdet« oder »potentiell gefährdet« sind. Und gleichzeitig erscheinen – wie durch eine Ironie des Schicksals – erlesene *Coffee Table Books* mit blendenden Farbfotos aller bereits ausgerotteten Arten. In solchen Büchern werden immer öfter dieselben Fotos auftauchen – aufgenommen von denselben Fotografen und mit demselben Copyright –, die einige Jahre zuvor die Listen der vom Aussterben bedrohten Arten geschmückt haben, die damals ganz oben auf den Roten Listen standen.

Vor mir liegt gerade so ein Prachtband, es muss einer der ersten seiner Art sein, und ich glaube, einige von euch haben schon darin geblättert, wenn ihr uns im Bjørnevei besucht habt.

Das Buch heißt *A Gap in Nature: Discovering the World's Extinct Animals,* verfasst von dem australischen Paläontologen Tim Flannery. Auf dem Umschlag sehen wir die Dronte von Mauritius, ein Tier, das zuletzt 1681 gesichtet wurde, und im ersten Kapitel gibt es eine Zeichnung des letzten Moa-Vogels, der um das Jahr 1600 von den neuseeländischen Maori ausgerottet wurde.

Es ist also nicht nur der Weiße Mann, der die Vielfalt auf unserem Planeten zerstört hat. Neu ist nur das unendlich viel schnellere Ausrottungstempo als jemals zuvor, ansonsten sind wir unserer menschlichen Veranlagung treu geblieben, ich meine, unserem kurzsichtigen Nützlichkeitsdenken.

Hoffentlich kommt nie der Tag, an dem wir in solchen

Coffee Table Books prachtvolle Großaufnahmen ausgerotteter Raubtiere wie Löwen, Leoparden und Tiger finden werden. Ich glaube nicht, dass es so weit kommen muss, und deshalb schreibe ich diese Zeilen. Ich versuche, ein ironisches Szenario zu entwerfen und damit etwas aufzuzeigen, was nie im Leben geschehen darf.

Obwohl ich durchaus in der Lage bin, mir ein solches umfangreiches Werk mit glänzenden Fotografien von ausgestorbenen Pflanzen- und Tierarten vorzustellen, mit einer strengen taxonomischen Gliederung.

Das erste Kapitel könnte heißen, *Ausgerottete Pflanzen und Pilze,* und darin sähe man nostalgische Bilder von zarten Gebirgsblumen, die durch den Klimawandel verschwunden sind, oder von orientalischen Orchideen, die es nicht mehr gibt, weil ihr tropischer Lebensbereich irgendeiner Monokultur weichen musste.

Kapitel II: *Wirbellose Tiere.* Auch diese eher unansehnlichen Geschöpfe sind vor ihrem Aussterben von der Forschung katalogisiert und in detailreichen Bildern festgehalten worden, ebenso wie viele der bestäubenden Insekten, die entscheidend zur Lebensgrundlage der Menschen beitrugen, ehe wir zu flächendeckender künstlicher Bestäubung greifen mussten, einer ganz neuen Art von Landwirtschaft. Viele Arten aber – zum Beispiel in den Regenwäldern – sterben uns unter den Händen weg, ehe wir sie beschreiben können.

Kapitel III: *Fische.* Eine Reihe von Fischarten ist gefährdet, und nach und nach können sie vollständig verschwinden. Die Korallenriffe verwelken, nicht zuletzt aufgrund der Versauerung der Weltmeere –, eine Katastrophe mit Ansage infolge des Anstiegs von CO_2 in Meer und Atmosphäre – und mit diesen »Regenwäldern der Meere« verschwindet zugleich ein unvorstellbares, psychedelisches Gewimmel von Fischarten. Immerhin besitzen wir *Fotografien* der farbenprächtigen Fische, nicht zuletzt aus alten Reisezeitschriften, und deshalb können wir unseren Nachkommen doch noch ein paar Leckerbissen reichen. In Henrik Ibsens Stück *Die Wildente* hat der Vater vergessen, seiner Tochter Hedvig von einem Festmahl etwas mitzubringen. Aber er hat die Speisekarte eingesteckt, und so erfährt Hedvig doch immerhin, was ihr entgangen ist. Der Vater bietet sogar an, ihr den Geschmack der verschiedenen Gerichte zu beschreiben. (Ist es nicht eine Ironie des Schicksals, dass die Fotografie – und die digitale Speicherung von Informationen – sich gerade zu dem Zeitpunkt durchgesetzt hat, als wir endgültig darangingen, die biologische Vielfalt auf der Erde zu zerstören?)

Kapitel IV: *Amphibien.* Wir kennen die farbenprächtigen Fotos von drolligen Fröschen und Salamandern. Nach dem Bericht des Weltbiodiversitätsrates sind vierzig Prozent aller Amphibien gefährdet, und viele besetzen Spitzenplätze auf den Roten Listen der vom Aussterben bedrohten Arten. Nun liegen sie – in diesem ausgedachten Buch – auf dem Paradebett der Faunaliteratur. »Faunaliteratur«? Eines Tages wird es vielleicht fließende Grenzen zwischen Faunaliteratur und Fantasy geben, und die Kinder werden fragen: »Stimmt das? Haben wirklich solche drolligen Tiere hier auf der Erde gelebt, auf unserem Planeten?«

Kapitel V: *Reptilien.* Ich prophezeie, dass auch dieses Kapitel ein großer Erfolg wird. Ich stelle mir prachtvolle Schaubilder von bereits heute selten gewordenen Schildkröten, Schlangen und Echsen vor, manche sehen wirklich urzeitlich aus, und tatsächlich sind etliche von ihnen archaische Geschöpfe oder das, was wir »lebende Fossilien« nennen. Irgendwann in der Zukunft wird man sie vielleicht als »Fotofossilien« bezeichnen, das heißt Arten, die vor ihrem endgültigen Aussterben nur optisch bewahrt werden konnten. In Klammern möchte ich bemerken, dass es in manchen muslimischen Überlieferungen heißt, dass jemand, der Bilder von lebenden Tieren macht, von Gott bestraft werden wird, bis es dem Sünder gelingt, das Bildnis zum Leben zu erwecken. Ein entsprechendes Urteil wird eines Tages vielleicht auch über die Menschheit gefällt werden. Oder, um es mit dem romantischen Dichter Henrik Wergeland zu sagen:

Der prächtig gewandete Schmetterling
er flog aus Gottes Hand.
Gott gab ihm güldene Schwingen
und rotes Purpurband (…)
Und hielten die Könige einen Rat
sie könnten mit allen Gesetzen
ohne Hilfe von Gott kein Flügelpaar
an einen Schmetterling setzen.

Wir sind nun bei Kapitel VI angekommen: *Vögel.* Das kann ein sehr farbenfrohes Kapitel werden. Viele sehenswerte Exemplare schmücken bereits das Buch hier vor mir auf dem Schreibtisch, *Discovering the World's Extinct Animals.* Vor einigen Jahren, vielleicht hundert Jahre vor Erscheinen unseres ausgedachten Prachtwerkes, stand im internationalen Jahresbericht des Worldwatch Institute ein gut belegter Artikel mit dem Titel: »And the birds are just disappearing.« Das gilt nicht zuletzt auch für die norwegische Küste. Der norwegischen Roten Liste zufolge sind mehrere Vogelarten »vom Aussterben bedroht«, mehr noch sind »stark gefährdet« und noch viele weitere Arten sind entweder »gefährdet« oder »potentiell gefährdet«.

Nun bleibt nur noch ein Kapitel in unserem Prachtwerk, und für viele wird es den Höhepunkt darstellen.

Kapitel VII: *Säugetiere.* Hier gibt es viel Schönes, das man zeigen kann. Ich kann mir zum Beispiel einige der spektakulären Großaufnahmen von traurigen Menschenaffen aus dem *National Geographic* vorstellen – kein Wunder, dass sie traurig sind! –, von Schimpansen, Gorillas und Orang-Utans. Und besonders gut kann ich mir vorstellen, mit welchem kindlichen Eifer die Jüngsten unserer Nachkommen sich über diese Bilder hermachen werden, eine optische Schatzkammer, denn durch die digitale Technik sind sie ebenso scharf wie damals zur Zeit ihrer Urgroßeltern. Die Tiere selbst sind aus der Natur verschwunden, das ist nur wenige Jahre nach Entstehung dieser Aufnahmen passiert. Da kam eine Maus, und das Märchen war aus. (Nur leider ohne Maus! Einst war der Artenreichtum dieses Planeten das pure Märchen und fast herzzerreißend schön). Der Unterschied zwischen den Erinnerungen an die alten Dinosaurier und die großen Säugetiere, die der Mensch ausgerottet hat, besteht eben darin, dass wir so viele hervorragende Fotos von Säugetieren besitzen. (Das haben wir gerade noch geschafft!) Sachbücher über Dinosaurier und Flugechsen können interessant sein, obwohl sie oft durch spekulative Zeichnungen oder simple Skizzen verdorben werden. Aber eines Tages wird das Interesse von Kindern an Dinosauriern von ihrem Interesse an ausgestorbenen Säugetieren verdrängt werden, und für die Allerkleinsten macht man davon ein Bilderlotto!

Die Bilder, die ich euch hier in einem makabren Kaleidoskop vor Augen geführt habe, sollen aber nicht von Pessimismus zeugen, was das Schicksal der Artenvielfalt auf der Erde angeht. Wir können uns eine solche Dekadenz nicht erlauben – Pessimismus, meine ich, ist doch dekadent! –, sondern müssen in den Kampfmodus wechseln. Pessimismus ist nur ein anderes Wort für Faulheit oder Ausweichen vor Verantwortung. Denn der Kampf ist nicht vorbei, er ist noch nicht verloren. Noch immer fügt die Menschheit den Ökosystemen schwere Schäden zu. Wir tun es, und wir tun es jetzt.

Aber, Leo, Aurora, Noah, Alba, Julia und Máni, ihr Lieben alle. Stellt euch doch einmal vor, wie schön das wäre: Gegen Ende des 21. Jahrhunderts lesen einige von euch vielleicht diese Zeilen wieder, und ihr könnt dann hoffentlich die Hände heben und rufen: Aber hallo!!! So schlimm, wie Opa uns gewarnt hat, ist es ja gar nicht gekommen! Die Natur auf diesem Planeten ist noch ungefähr so intakt wie damals. Die Elefanten ziehen noch immer in großen Herden durch die afrikanische Savanne, und kein einziges der großen Raubtiere ist ausgestorben … (Opa war wirklich ein unverbesserlicher Pessimist!)

Ja, das ist eine wunderschöne Vorstellung. Aber von selbst wird sie nicht zur Wirklichkeit.

RATATOSK

Wenn das Leben auf der Erde gefährdet ist, dann ist das in der Geschichte der Menschheit nichts vollständig Neues. In vielen alten Religionen wurde die kosmische Ordnung als zerbrechlich und vorübergehend betrachtet. Ursprünglich war das Chaos, und aus dem Chaos erhob sich die geordnete Welt oder der Kosmos. Aber die Welt kann jederzeit ins Chaos zurückstürzen.

In der Wikingerzeit herrschte eine prekäre Machtbalance zwischen den guten und lebensfördernden Kräften auf der einen und den bösen und destruktiven Kräften auf der anderen Seite. Auf der Seite von Leben und Fruchtbarkeit gab es die guten Gottheiten, die Asen und die Wanen, und die Jötnar genannten bösen Riesen standen für die schrecklichen Kräfte des Chaos.

In der altnordischen Vorstellungswelt war deshalb dauernde Wachsamkeit den Riesen gegenüber geboten, diesen Trollen oder Urzeitungeheuern, die immer wieder versuchten, die Welt ins Chaos zu stürzen. Den Menschen und den guten Gottheiten fiel es zu, diese Trolle in Schach zu halten.

Weder Frühling noch Herbst kam im alten Norden einfach so von selbst. Die Leben spendenden Kräfte waren auf die Hilfe der Menschen angewiesen, und es war die Aufgabe der Menschen, den guten Gottheiten durch das Darbringen von *Opfern* Kraft und Stärke zu geben. Mit »Opfern« sind bestimmte kultische Handlungen gemeint, durch die den Gottheiten Macht übertragen wurde.

Nicht zuletzt sollte durch solche Rituale die Fruchtbarkeit gesteigert werden, für die vor allem die Wanen zuständig waren. Die Bedeutendsten unter ihnen waren Freyr und Freya. Ebenso wichtig war es jedoch, die Macht der Asen wie Thor und Odin zu stärken, damit diese den heimtückischen Bedrohungen durch die vielen bösen, zerstörerischen Mächte und vor allem durch die zahlreichen Riesen widerstehen konnten, die immer wieder versuchten, den Frieden und die Weltordnung zu vernichten. Zu den schlimmsten und raffiniertesten dieser Chaosmonster gehörte Thrymir.

In der Götterdichtung *Þrymskviða* (»Lied von Thrymir«) wird erzählt, dass Thrymir Thors Hammer Mjölnir gestohlen hatte. Das war eine bedrohliche Situation, denn wer Thors Hammer besaß, hielt das Schicksal der Welt in der Hand. Thrymir nutzte diese Lage aus, um im Tausch gegen den Hammer die Hand der Fruchtbarkeitsgöttin Freya zu verlangen. Freya aber war so empört über diesen unverschämten Wunsch, dass ganz Asgard bebte, und es hätte schlecht ausgesehen für die Wohnungen von Göttern und Menschen (Asgard und Midgard), wenn die Grundlage allen Lebens in die Gewalt der Chaoskräfte gefallen wäre. Schlimmstenfalls hätte es mit dem Untergang der Welt oder der Götterdämmerung enden können. (Aber bald griff Loki ein, der James Bond von Asgard, und das Drama nahm doch noch ein gutes Ende.)

Wir finden hier ein archetypisches Beispiel für Terrorismus und Erpressung, aber auch für ein pöbelhaftes Mackerverhalten, das leider noch immer nicht aus der Mode gekommen ist. Man könnte leicht den einen oder anderen Clown aus unserer Gegenwart nennen, der ein wenig an Thrymir erinnert.

Ein Bild für die labile Weltordnung der altnordischen Zeit war die Esche Yggdrasil – der Baum, der die Welt aufrecht hält. Gesundheit und Stärke der Welt waren untrennbar mit diesem Baum verbunden. Würde der Baum zu Fall gebracht, würde auch die Welt einstürzen.

Auch Yggdrasil wird von den Kräften des Chaos bedroht. Zwischen den Wurzeln der Weltenesche liegt der furchtbare Drache Nidhögg, der ununterbrochen am Baum nagt und droht, ihn umstürzen zu lassen. Oben im Baum sitzt ein namenloser Adler, und zwischen beiden jagt das übermütige Eichhörnchen Ratatosk hin und her. Immer wieder huscht Ratatosk am Stamm des Weltenbaumes auf und nieder und sorgt für Zwietracht zwischen dem Adler und dem Drachen.

In diesem Eichhörnchen personifiziert sich die labile Weltordnung. Wann wird der Tag kommen, an dem Ratatosk den Adler und den Drachen so weit aufgestachelt hat, dass sie aufeinander losgehen? Wann werden diese beiden den Weltenbaum in ein Schlachtfeld verwandeln?

Es ist nicht schwer, sich vorzustellen, wie das intrigante Eichhörnchen heute zwischen Kreml und Weißem Haus oder auch nur auf der kurzen Strecke zwischen Weißem Haus und Capitol pendelt.

Weil wir keine guten Gottheiten zur Hand haben, auf die wir unsere Hoffnungen setzen könnten, müssen wir uns gegenseitig stark machen, um die »Ratatoske« der heutigen Zeit zu bezwingen, unsere eigenen Streithammel und Schreihälse auf der internationalen Bühne. Denn die Bedrohungen, die sich gegen das Leben auf der Erde richten, sind nicht mehr der Mythologie entsprungen. Die guten Gottheiten und die Trolle, das sind wir.

Ich habe die Pandemie erwähnt, die uns jetzt, da ich diesen Brief schreibe, schon über ein Jahr quält. Es war interessant zu beobachten, dass die, die nicht an die Gefahren der Pandemie »glauben« (oder an einen nützlichen Schutz vor der Ansteckung), oft dieselben sind, die nicht an von Menschen geschaffenen Klimawandel glauben, die nicht an die Evolutionslehre glauben und auch nicht an die Ergebnisse von demokratischen Wahlen, wenn die nicht nach ihren Wünschen ausfallen. In ihnen sind die Trolle oder Chaoskräfte unserer Zeit leicht zu erkennen.

Nicht zuletzt bringen sich diese Chaoskräfte im Netz zur Geltung, als sogenannte »Netztrolle«, die Tag und Nacht an der Arbeit sind, um für Unruhe und Unfrieden zwischen den Menschen und innerhalb der Weltgemeinschaft zu sorgen, ein Konglomerat von frustrierten und wütenden Tröllchen, die versuchen, Verwirrung zu stiften und Fehlinformationen zu verbreiten, nicht anders als das tückische Eichhörnchen Ratatosk. Diese Trolle treten gern anonym und individuell auf, aber sie arbeiten auch zusammen, auf der Basis von eigenen »Trollfabriken«.

Als ich klein war, dachte ich, alle Menschen seien im

Grunde ungefähr gleich nett. Das glaube ich nicht mehr. Ich glaube, die Trennung, welche die Mythen zwischen guten und bösen Kräften ziehen, gilt auch für die Menschen. Wie wären die Mythenerzähler sonst auf die Idee dieser Zweiteilung gekommen?

Es gibt Menschen, die möchten fast in jeder Hinsicht helfen, die Welt und die Mitmenschen aufzubauen. Etlichen von ihnen durfte ich begegnen. Andere aber wollen die Welt zum Einsturz bringen, vor allem dann, wenn es insgeheim und anonym passieren kann. Auch von denen sind mir einige begegnet. Ein paarmal habe ich mir an ihnen die Finger verbrannt.

Die meisten von uns befinden sich vielleicht irgendwo zwischen diesen beiden Extremen. Das Leben hat mich gelehrt, dass in jedem und jeder von uns so ein kleiner Troll hausen kann.

Das Allerwichtigste, was Eltern für ihre Kinder tun können, dürfte sein, sie freundlich und liebevoll zu behandeln. Das Zweitwichtigste ist dann, sie dazu zu erziehen, dass sie ihrerseits andere Menschen freundlich und liebevoll behandeln, die Schwachen, die Tiere, die Natur und die kommenden Generationen. Es klingt vielleicht banal, und es ist auch banal, aber die wirklich wichtigen Dinge sind oft gar nicht so schwer in Worte zu fassen.

Wir lernen lesen und schreiben. Und vielleicht lernen wir auch, »lieb und brav« zu sein, oder das, was wir mit einem etwas hochtrabenden Wort »Altruismus« nennen. Lieb und brav zu sein kommt nicht ganz von selbst.

Wie denkt ihr jungen Leute darüber?

Jeder Mensch sollte sich ab und zu, vielleicht einmal in der Woche, vor den Spiegel stellen, sich selbst in die Augen schauen und sein Spiegelbild fragen: Bin ich ein lieber Mensch? Will ich das Beste für meine Mitmenschen? Oder für kommende Generationen? Trage ich dazu bei, die Vielfalt des Lebens auf meinem Planeten zu bewahren?

Und der Spiegel antwortet. Falls wir dem Blick nicht ausweichen, schauen die Augen aus dem Spiegel zurück.

Ich glaube nicht, dass alle Menschen diesen Spiegeltest wagen würden, und ich habe es selbst auch nicht immer getan. Einige werden ihn stattdessen als kindisch bezeichnen. Das finde ich allerdings ein bisschen feige.

Ich denke, die Herkunft einiger Wörter aus der altnordischen Mythologie, die ich hier verwendet habe, kann uns etwas darüber erzählen, worum es bei dem Kampf zwischen dem Guten und dem Bösen geht. Fangen wir mit den Jötnar an, den bösen Riesen. Das Wort Jotun, der Singular von Jötnar, bedeutet eigentlich »Vielfraß«, und es ist verwandt mit einem Wort, das wir alle kennen, nämlich »essen«, aber auch mit »ätzen« und mit Aas und sogar mit dem englischen Wort *obese,* was »fett« bedeutet. Vielleicht sind die Chaosmonster unserer Zeit ebensolche ätzenden Vielfraße, und ich nehme mich da gar nicht aus. Ein unübersehbares Zeichen für das Ungleichgewicht, das heute in der Welt herrscht, ist der Abgrund, der die Allerärmsten von den Allerreichsten trennt oder die Hungrigen von den Satten.

Der Name Wanen für die Gottheiten, welche die Fruchtbarkeit von Natur und Menschen hüteten, kommt sprachgeschichtlich aus dem Altnordischen, »vanir«, die Glänzenden. Es gibt dort auch das Wort »von« für Hoffnung, und beides ist verwandt mit dem Namen der römischen Liebesgöttin Venus. Im Althochdeutschen gab es das Wort »wini«, das Freund bedeutet und ebenfalls zu dieser Wortfamilie gehört. Anders ausgedrückt stehen die Wanen für »Glaube, Hoffnung und Liebe«. Wenn es uns gelingen soll, die Ökosysteme und die biologische Vielfalt auf diesem Planeten zu bewahren, werden wir alle drei Blätter dieses Kleeblatts brauchen.

Allerdings gibt es heute auf den Schauplätzen dieser Welt Stimmen und Entscheidungen, die von keinem dieser drei Dinge geprägt sind, Glaube, Hoffnung oder Liebe.

Da wir nun schon bei der Mythologie sind, kann ich auch gleich noch etwas erwähnen, was ich sehr wichtig finde.

Mir sind gelegentlich Menschen begegnet, denen durchaus klar ist, dass die Menschheit eine Bedrohung für das Leben auf der Erde darstellt, und die daraus den Schluss ziehen, dass das Aussterben der Menschheit die beste Lösung für den Planeten wäre.

Dahinter steht der Gedanke, dass Mutter Erde – oder Gaia – ein lebender Organismus ist, der seine eigene Atmosphäre und damit auch seine eigene »Körpertemperatur« regulieren kann. Jetzt hat Gaia Fieber, und die Mikroben, die sie krank machen, sind wir Menschen. Aber bald wird Gaia uns abschütteln, und in diesem Zusammenhang steht die Klimakrise.

Auch Pandemien wie Aids, Ebola oder Covid-19 können in einem solchen Zusammenhang gesehen werden. Die Menschen haben sich an den Ökosystemen vergriffen und wild lebende Tiere wie Fledermäuse in immer engere Bezirke gedrängt, wodurch Viren entstanden, die von einer Tierart auf die andere überspringen und damit Epidemien auslösen können. Die Ausbrüche solcher Epidemien sind eine Art Notwehr von Seiten der Erdgöttin – oder Gaias Rache.

Mir sind Menschen begegnet, die eine große Begeisterung darüber zum Ausdruck brachten, dass die Menschheit bald ausgerottet sein wird – zum Besten Gaias. Denn wenn wir erst weg sind, wird sich die Natur schnell wieder erholen.

Das ist sicher wahr. Wenn wir erst weg sind, wird die Natur zurückkehren. Aber ich bin zu sehr Humanist, um eine solche Argumentation zu akzeptieren, und ich neige fast dazu, sie als eine Art »Ökofaschismus« zu betrachten.

Der Mensch ist nicht nur ein Schädling. Global gesehen und vielleicht auch in kosmischer Perspektive sind wir absolut einzigartige Geschöpfe. Dieser Planet wäre ohne uns nicht derselbe, ohne unsere Anwesenheit, unser Bewusstsein und unser planetarisches und kosmisches Gedächtnis. Nicht einmal dann, wenn unser Verschwinden zur Genesung von Meeren und Urwäldern führte.

Wir müssen beides schaffen: Meere und Urwälder retten und selbst auf der weiteren Reise dabei sein.

DER ORTHOPÄDE UND DER ASTRONAUT

Innerhalb eines einzigen Monats sind mir vor vielen Jahren ein skeptischer Orthopäde und ein gutgläubiger Astronaut begegnet.

Zuerst habe ich den Orthopäden getroffen. Ich hatte Probleme mit dem Knie, und es war ein Röntgenbild gemacht worden. Kaum hatte der Orthopäde einen Blick auf die Aufnahme geworfen, schaute er zu mir hoch und fragte, wie ich über Apollo dächte.

Über Apollo? Ich wusste nicht, wovon er redete. Es gab ein Reisebüro namens Apollo, und ich dachte natürlich auch an den griechischen Gott. Aber dann ging mir auf, woran der Arzt wohl dachte. Meinte er das Raumfahrtprogramm, also die Mondmissionen der NASA?

Der Orthopäde nickte, und bald waren wir in ein längeres Gespräch vertieft. Es ging nicht um mein Knie, sondern um die Frage, ob ich »glaubte«, wir seien auf dem Mond gewesen. Mit »wir« meinte er uns Menschen.

Ich versuchte zu erklären, warum ich felsenfest davon überzeugt war, aber hier stand Aussage gegen Aussage, denn er war sich ebenso sicher, dass das nicht der Fall sei. Ich argumentierte, dass die russischen Raumfahrtbehörden nie und nimmer geschwiegen hätten, wenn sie nicht sicher wären, dass die Amerikaner wirklich den Wettlauf um den Mond gewonnen hatten.

Aber ich wollte doch über mein wehes Knie reden …

Ich dachte, Ärzte hätten eine naturwissenschaftliche Ausbildung. Hier war zudem moderne Technologie eingesetzt worden, um mein Knie zu untersuchen. Sollte der fachliche Hintergrund dieses Mannes nicht eine gewisse Garantie dafür sein, dass er nicht auf billige Verschwörungstheorien hereinfiel, wie die, dass die historische Mondlandung vom 1. Juli 1969 sich in Wirklichkeit an einem geheimen Militärstützpunkt in Nevada zugetragen hatte? Offenbar war das nicht der Fall.

Nur wenige Wochen später lernte ich einen Mann kennen, der tatsächlich auf dem Mond gewesen war, und zwar mit der Mondlandefähre der Apollo 14. Es handelte sich um den Astronauten Edgar Mitchell, der am 5. Februar 1971 auf dem Mond gelandet war und als sechster Mensch seinen Fuß auf die Mondoberfläche gesetzt hatte.

Ich besuchte seinen hochinteressanten Vortrag in einem großen Hörsaal der Universität von Oslo. Später an diesem Abend hatte sogar ich noch das Glück, ein persönliches Gespräch mit ihm führen zu können.

Mitchell zeigte Bilder von seinen Mondspaziergängen, und ich dachte, jetzt hätte der Orthopäde bei uns sein müssen.

Nach dem Vortrag durften Fragen gestellt werden, und ich war peinlich berührt, als es bei den ersten Fragen darum ging, ob der Astronaut »glaubte«, die Erde werde von Aliens aus anderen Sonnensystemen besucht. Abermals wurde das Verb »glauben« gebraucht. Ich fand es peinlich, dabei zu sein, es war ein klarer Fall von Fremdschämen. Nun kommt endlich einmal ein amerikanischer Astronaut nach Oslo und zeigt seine Bilder vom Mond, und dann soll er mehr oder weniger sinnlose Fragen nach Ufos und dem Besuch von »Weltraumwesen« beantworten. Durch Zufall saß ich in der Nähe von Erik Tandberg, Norwegens renommiertem Raumfahrtexperten, nicht zuletzt wegen seiner Vorträge über die Mondflüge, und ich sah, dass auch er peinlich berührt war.

Aber der Astronaut bejahte die Frage, ohne mit der Wimper zu zucken. Edgar Mitchell war überzeugt davon, dass die Menschheit immer wieder Besuch von Raumwesen bekäme, dass es dafür sonnenklare Beweise gebe, dass aber die Behörden in aller Welt keinen Versuch unterlassen hätten, das zu vertuschen (was die NASA energisch bestritt). Ich begriff, dass der okkultistische Astronaut seine eigene kleine Gemeinde von Ufo-Enthusiasten in Norwegen hatte und diese Fragen deshalb zur Sprache gebracht wurden.

Gegen Ende seines Lebens ruderte Mitchell dann ein bisschen zurück, und 2014 erklärte er in einem Interview, seine Behauptung, Regierungen und Staaten hätten versucht, die Besuche von Ufos zu vertuschen, sei pure Spekulation gewesen. Aber noch 2015 hatte er in einem Interview behauptet, außerirdische Wesen hätten versucht, einen Krieg zwischen den Völkern auf der Erde zu verhindern, und damit zur Bewahrung des Friedens beigetragen.

Edgar Mitchell starb im Februar 2016.

Ich bin nach wie vor davon überzeugt, dass der joviale Astronaut seiner Sache wohl zu sicher gewesen ist und dass er naiv war in seinem Glauben an Ufos und die Besuche von Aliens.

Die Entfernungen zwischen bewohnbaren Planeten sind enorm. Sogar die Lichtgeschwindigkeit wirkt zwischen den Orten im All wie ein Bummelzug.

Aber ich könnte mir denken, dass Mitchells Vorstellungen von einer Art Verkehr im Weltraum auf einem Erlebnis beruhten, das er auf seinem Heimweg vom Mond hatte – er war ja selbst gerade im All unterwegs! – und das er gegen Ende seines Vortrags in Oslo beschrieb.

Auf dem Rückflug hatte Mitchell frei, er hatte seine Aufgabe auf der Mondoberfläche erledigt und konnte ungestört dasitzen und die grandiose Aussicht genießen.

Schon als er auf den Mond hinaustrat und zur Erdkugel hochschaute, war er betroffen gewesen von dem sogenannten Overview-Effect, dem »Übersichtseffekt«, von dem so viele Astronauten erzählt haben.

»Man entwickelt sofort ein globales Gewissen, konzentriert sich auf den Menschen, ist zutiefst unzufrieden mit dem Zustand der Welt und will unbedingt etwas daran ändern. Vom Mond dort draußen aus wirkt die internationale Politik kleinlich. Man möchte einen Politiker am Schlafittchen packen, ihn eine Viertelmillion Meilen dort hinaushieven und sagen: ›Schau dir das an, du Mistkerl!‹«

Und dann, auf dem Rückweg zur Erde, wurde Mitchell überwältigt von einem tiefen Glücksgefühl, dem Eindruck, nicht allein im Universum zu sein. Der Astronaut verwendete

Wörter wie »Heureka-Erlebnis«, »Offenbarung« und »Ekstase«. Er fühlte sich eins mit allem und war zutiefst überzeugt, dass das Universum von Sein und von Bewusstsein erfüllt war.

Mitchell meinte, in der Orientierung der Menschheit sei vor ungefähr vierhundert Jahren etwas entgleist. Die materialistische Wissenschaft unserer Zeit habe einen Schatten über den seelischen Aspekt unserer Existenz geworfen. Natürlich bestehen wir aus Stoff, aus Materie, denn alles ist Sternenstaub. Aber wir sind auch Bewusstsein und auf einer tieferen Ebene enger miteinander verbunden, als wir bisher angenommen haben. Wir sind voneinander getrennt, aber zugleich sind wir miteinander verbunden. Sagte Edgar Mitchell.

Während der Astronaut erzählte, wanderten meine Gedanken zurück zu dem Wald, in dem ich übernachtet hatte, als ich ungefähr so alt war wie Leo heute. Es war das eine Mal in meinem Leben, als ich für einen kurzen Moment mit der Welt gebrochen hatte und nichts mehr mit ihr zu tun haben wollte. Und genau damals wurde ich von etwas überwältigt, das von dem, was der amerikanische Astronaut da unten in dem großen Hörsaal erzählte, gar nicht so weit entfernt war.

Für einen erfüllten Augenblick hatte auch ich das Erlebnis gehabt, mit allem eins zu sein. Ich war nicht nur zu Besuch auf der Welt. Ich war die Welt. Und ich würde auch noch da sein, wenn mein eigenes kleines »Ich« eines Tages verschwunden wäre.

NEUN GEHIRNE

Bei der Hütte am Hengsen wurde ich schon als kleines Kind mit einem funkelnden Sternenhimmel verwöhnt. Ich schreibe »verwöhnt«, weil ein klarer Nachthimmel heutzutage eine Art Luxus geworden ist, während er damals eigentlich selbstverständlich war.

Wenn wir die Kerzen und Petroleumlampen ausgeblasen hatten, wurden wir von keinem anderen Licht mehr gestört. Das Einzige, was in wolkenlosen Nächten den Ausblick ins Universum stören konnte, war das Mondlicht oder ganz selten ein tanzendes Nordlicht.

So gut haben wir es nicht mehr. Heute kann der Lichtschein von fernen Slalomhängen die Aussicht beeinträchtigen, die elektrische Beleuchtung ist oberhalb der Baumgrenze angekommen.

Aber die Sterne haben wir noch immer.

Etwas an dieser nächtlichen Perspektive hat mich immer beschäftigt, schon als Kind und lange ehe ich das Geringste über Astronomie wusste. Gibt es vielleicht weit, weit draußen in der Sternennacht ein lebendes Wesen, das so wie ich ins Universum späht? Schaut man irgendwo anders vielleicht auch zu unserer Sonne hoch wie zu einem unter vielen Tausend Sternen?

Als ich klein war, dachte ich: Steht da draußen vielleicht ein kleines Mädchen oder ein kleiner Junge und sieht mich gerade jetzt an?

Damals hatte ich noch nicht begriffen, dass es im Weltraum kein »jetzt« gibt. Und ich wusste noch nicht, dass es im Weltraum wohl kaum Mädchen oder Jungen gibt.

Als Erwachsener drücke ich mich etwas anders aus. Ich frage mich:

Ist das Bewusstsein ein kosmischer Zufall?

Wir haben uns bereits mit der Frage beschäftigt, ob das Leben auf unserem Planeten etwas Einzigartiges ist, ohne weitere Entsprechung im Kosmos, oder ob es sich um ein durchgehendes kosmisches Phänomen handelt, also etwas ganz Normales, charakteristisch für die Natur dieses Universums und auf einer Linie mit den notwendigen *Voraussetzungen* für das Leben – wie Atome, Sterne und Planeten.

Aber das Bewusstsein? Ist Bewusstsein überhaupt in einer universalen Ausbreitung denkbar? Dann müsste sie ja zu den grundlegenden Eigenschaften des Bewusstseins gehören – eine Ansicht, die der amerikanische Astronaut vertreten hatte.

Oder kann es sein, dass allein die Biosphäre auf unserem Planeten bewusste Wesen wie uns hervorgebracht hat?

Die kurze Antwort ist, wir wissen es nicht. Aber die Frage an sich ist nicht schlecht gestellt, denn entweder ist Bewusstsein in der Geschichte des Universums immer wieder aufgelodert oder nicht. Ich schreibe »aufgelodert«, denn die notwendige Entwicklungsgeschichte von einigen wenigen Jahrmillionen ist so oder so im kosmischen Maßstab ein überaus bescheidenes Zeitfenster. Es ist erst sechs Millionen Jahre her, dass sich die Entwicklungslinie der Menschen und die der Schimpansen getrennt haben.

Was verstehen wir überhaupt unter Bewusstsein?

Ein Insekt oder ein Krebstier kann einen effektiven Sinnesapparat besitzen, aber den würde ich nicht als »Bewusstsein« bezeichnen. Trotzdem glaube ich, dass eine Hummel oder ein Hummer spüren können, dass sie sich in ihrem Körper befinden, dass sie »sind«, dass sie von Blüte zu Blüte fliegen oder über den steinigen Meeresboden kriechen, dass sie also leben. Aber dieser körperlichen Wahrnehmung sind sie sich wohl kaum »bewusst«. Und dennoch: Es ist eine seltsame Vorstellung, wie es überall in der Natur kreucht und fleucht, im Gras, auf den Bäumen und auf dem Meeresgrund – und sei es noch so »bewusstlos«.

Ein Hund hat ein Bewusstsein, zweifellos, oder auch ein Pferd, und ich gehe davon aus, dass das auch für eine Kohlmeise und ein Eichhörnchen gilt. Schwerer fällt es mir zu glauben, dass auch Frösche oder Fische ein nennenswertes Innenleben besitzen. (Ein Nervensystem allerdings haben sie. Sie spüren Schmerz und leiden vermutlich auch.)

Hund und Pferd haben zudem bewusste Gedanken und Vorstellungen – auch wenn sie nur spontan sind –, und wir können uns fragen, wie es im Kopf eines Tieres aussieht. Hunde und Pferde können Angst oder Freude empfinden und vielleicht auch Trauer und Sehnsucht. Aber sind »Hundegedanken« ganz anders als »Pferdegedanken«? Sind die individuellen Unterschiede – zum Beispiel zwischen einzelnen Hunden – so groß wie die strukturellen Unterschiede zwischen den verschiedenen Arten höherstehender Säugetiere? Ich weiß es nicht. Der Hund besitzt jedenfalls einen um vieles leistungsstärkeren Geruchssinn als das Pferd. Das gibt ihm eine differenziertere »Karte« zur Orientierung, eine Fähigkeit, die sich der eher allgemeinen Intelligenz hinzugesellt.

Darüber hinaus können wir diskutieren – und studieren! –, in welchem Grad unterschiedliche Tiere »selbstbewusst« sind. Neben uns Menschen gibt es nur wenige andere Arten, die klare Anzeichen dafür zeigen, zum Beispiel, wenn sie mit ihrem Spiegelbild konfrontiert werden. Einzelne Affen, Delfine, Elefanten und Krähenvögel haben solche Spiegeltests bestanden und damit klar gezeigt, dass sie über ein Bewusstsein ihrer selbst verfügen.

Sobald die Elster an dem Vogel im Spiegel einen Farbfleck entdeckt, begreift sie, dass der sich auf ihrem eigenen Gefieder befindet, und sie wird versuchen, ihn abzustreifen oder abzuschütteln. Andere Vögel und Tiere versuchen, ihr Spiegelbild anzugreifen oder zu verschlingen. Ihnen ist nicht klar, dass sie selbst das seltsame Wesen dort im Spiegel sind.

Dennoch ist es ein riesiger Sprung vom Bewusstsein der Tiere zu dem der Menschen. Der Mensch beschäftigt sich nicht nur mit sich selbst, seiner engsten Verwandtschaft und seinem eigenen Lebensbereich. Wir besitzen ein noch viel leistungsstärkeres Bewusstsein, das uns auch befähigt, das Universum zu erkennen, in dem wir leben. Damit sind wir die Einzigen, jedenfalls hier auf dieser Erde.

Schon als Kind habe ich darüber gestaunt, dass Menschen ein Bewusstsein besitzen, das in gewisser Weise »total« ist. Wir sind total anwesend.

Wir verfügen über eine arteigene Fähigkeit, uns von der übrigen Natur zu distanzieren. Wir sitzen nicht eingeschlossen in einem Hundegehirn. Und wir irren nicht benommen umher, wie es manchmal im Schlaf passieren kann (egal, ob wir nun schlafwandeln oder im Bett liegen).

In diesem Zusammenhang finde ich es fast peinlich, dass ich im Traum diesem »Gedankenleser« auf den Leim gegangen bin. Ich hätte aufmerksamer, ein bisschen skeptischer sein müssen und begreifen, dass die Begegnung mit diesem hochgewachsenen Mann nur ein Traum war. Aber noch peinlicher wäre es, wenn ich in wachem Zustand an der Nase herumgeführt worden und nicht bei klarem Verstand gewesen wäre.

Ich mag naiv sein, aber ich glaube, die Welt ist so, wie wir sie erleben. Wir verirren uns nicht pausenlos in Fantasien Wir besitzen einen Sinnesapparat und ein Bewusstsein, die ihr Ziel erreichen, aber nur knapp, oder sollte ich schreiben, »die gerade mal über die Wasseroberfläche lugen«? Ich meine, wir haben uns einen angemessenen Überblick über die Welt verschafft, in der wir leben. Wir haben einen Verstand entwickelt, der zwar in der Lage zu sein scheint, das gesamte Universum zu erfassen, aber nur so weit, dass uns angesichts der Rätsel immer noch ein Schwindel ergreift.

Es gibt noch immer vieles, was wir nicht verstehen, und auch wenn ihr, denen ich diesen Brief schreibe, eines Tages sehr viel mehr über die Welt wissen werdet als wir heute, wird das eigentliche »Rätsel des Universums« doch ungelöst bleiben.

Aber ich glaube nicht, dass unsere Sinne uns täuschen oder das, was wir an Verstand, wissenschaftlicher Tradition und intellektuellem Allgemeinbesitz haben. Ich glaube, dass unser Kopf genau richtig zusammengesetzt ist. Wir lassen uns nicht mehr davon narren, wenn die Sonne im Osten über dem Horizont unseres Planeten aufsteigt. Wir können zwei Gedanken gleichzeitig im Kopf haben und einen Sonnenaufgang als das genießen, was er ist, und uns dennoch über die Tatsache im Klaren sein, dass sich die Erde um die Sonne dreht und nicht umgekehrt.

Was für eine seltsame Vorstellung, dass wir ein Bewusstsein haben, welches das gesamte Universum umschließt und noch dazu die Entwicklung des Universums bis zum Urknall vor 13,8 Jahrmilliarden zurückverfolgen kann. Erst in dem Sekundenbruchteil nach dem Knall liegt die unüberschreitbare Grenze für unsere Erkenntnis.

Wir können deshalb nicht fragen, was »vor« dem Big Bang war. Jedenfalls dürfen wir nicht mit einer Antwort rechnen. Damals sind Zeit und Raum entstanden. Andererseits können wir aber auch nicht behaupten, der Urknall sei der Beginn aller Dinge gewesen, auch wenn wir ihn als den eigentlichen »Augenblick der Schöpfung« betrachten. Beim Big Bang kann es sich ebenso gut um eine strenge Kontinuität von einem Zustand zum anderen gehandelt haben.

Aber genug von all diesen extremen Fragen.

Wenn ich meine langen Gedankenspaziergänge mache, ertappe ich mich manchmal dabei, wie ich mir über gewaltige

Probleme den Kopf zerbreche. Dann stelle ich mir vor, dass das Universum zu einem Bewusstsein seiner selbst gelangt ist. Also in uns, im Menschen. Aber vielleicht auch im Bewusstsein anderer Wesen, auf ganz anderen Himmelskörpern.

Ich drücke mich so umständlich aus, weil ich schon Naturwissenschaftlern begegnet bin, die über Formulierungen wie »das Universum ist zum Bewusstsein seiner selbst gelangt« die Nase rümpfen. Das mag daran liegen, dass sie Vorurteile haben und etwas ganz anderes hineinlesen, nämlich dass es »Sinn« oder »Ziel« des Universums gewesen sei, eines Tages aus einer Art von kosmischem Dämmerschlaf zu erwachen und sich endlich seiner selbst bewusst zu werden. Aber so habe ich es nicht gemeint.

Das Universum hat bereits ein Bewusstsein seiner selbst bewiesen. Und sei es nur hier, also in uns. Das ist eine Tatsache. Und das ist wunderbar, denke ich, hervorragend, ich finde, allein deshalb könnten wir die Champagnerkorken knallen lassen.

Oder, wie ich einmal geschrieben habe: »Das Auge, das ins Universum hinausschaut, ist das Auge des Universums selbst.« Oder an anderer Stelle: »Der Applaus für den Urknall kam erst fünfzehn Milliarden Jahre nach dem Knall.«

Denn ich glaube nicht, dass das Universum eine Art angeborene »Geisteskraft« besaß, es gab ja noch keine lebenden Wesen. Ich möchte mich auch nicht dazu äußern, ob die Entstehung des Bewusstseins ein notwendiger oder unvermeidlicher Prozess war oder ob das entgegen aller Wahrscheinlichkeit geschah.

Die Frage ist, ob sich ein entsprechendes »kosmisches Bewusstsein« mehr oder weniger parallel auch an anderen Orten im Universum entwickelt hat. Es fällt mir nicht schwer, mir das vorzustellen. Wir haben schon festgestellt, dass es im Universum keine »Gegenwartsfläche« gibt. Aber vielleicht gibt es eine »Erkenntnisfläche«. Ich meine damit, dass sich mehrmals im Raum-Zeit-Kontinuum des Universums (ungefähr) das gleiche wissenschaftliche Weltbild entwickelt haben könnte, wie wir es aus unserer Zivilisation kennen. Das ist allerdings eine offene Frage, und ich weiß es nicht. Aber in Anbetracht ihrer kosmischen Bedeutung wäre es seltsam, wenn diese Big-Bang-Theorie eine rein menschliche Idee wäre – falls sie zutrifft, wohlgemerkt –, falls die sich daraus ergebenden Schlussfolgerungen korrekt sind.

Dasselbe muss für das chemische Periodensystem gelten, denn auch Atome und Elementarteilchen sind universale Phänomene.

Wir Menschen sind vielleicht nicht so einzigartig, wie wir glauben möchten. Vor noch nicht allzu langer Zeit waren wir sicher, dass die Erde – wir selbst – der Mittelpunkt der Welt sei.

Ich habe das ja schon angedeutet, ihr Lieben: Es ist nicht ausgeschlossen und vielleicht nicht einmal unwahrscheinlich, dass die Menschheit während eurer Lebenszeit eine Bestätigung dafür erhalten wird, dass es auch anderswo im Universum intelligentes Leben gibt. Denn der Radioastronomie gehört die Zukunft, und die Suche nach *extra-terrestrial intelligence* geht weiter. Und dieser Gedanke kann einen Großvater ganz schön aufregen.

Hier sollte ich vielleicht hinzufügen, dass die Vorstellung

einer außerirdischen Intelligenz nicht unbedingt die reine Freude sein muss. Es gibt ja bereits Filme, die genau davor warnen. Oder, wie Stephen Hawking sinngemäß einmal gesagt hat: Wir brauchen nur uns selbst anzusehen, um zu begreifen, dass sich intelligentes Leben zu etwas entwickeln kann, mit dem wir lieber nichts zu tun haben möchten.

Andererseits wäre es doch deprimierend, wenn wir uns nach und nach daran gewöhnen müssten, dass vielleicht nur wir – Söhne und Töchter des *Homo sapiens* – Anteil an etwas so Großartigem wie einem kosmischen Bewusstsein haben. Und falls es so wäre, falls unsere universale Vernunft eine endemische Eigenschaft wäre, begrenzt auf unseren zufälligen Winkel im Weltraum, dann macht uns das so nackt und gefährdet. Ich finde, wir sollten nicht allein dasitzen mit der Verantwortung für etwas so Großes und Einzigartiges, wie es das Bewusstsein seiner selbst dieses ganzen gewaltigen Universums ist. Ich könnte mich jedenfalls nicht darüber freuen, wenn die goldenen Eier des Universums allesamt in unserem Körbchen lägen.

Unsere Zeit hier ist ohnehin begrenzt, denn die Sonne wird zur Roten Riesin werden, die den kühlen Planeten gierig verschlingt.

In kosmischem Maßstab ist Leben sehr viel verbreiteter als Bewusstsein. Leben ist eine notwendige Bedingung für Bewusstsein, aber bei Weitem keine Garantie. Es hat ja lange gedauert, bis es auf diesem Planeten anderes Leben gab als winzige einzellige Organismen.

Vor einer halben Milliarde von Jahren war die Entwicklung von Organismen mit einem komplizierten Sinnesapparat und einem reich entwickelten Nervensystem in vollem Gange, und es entstand schließlich auch eine Form von Bewusstsein. Es war ein Wettstreit, ein »Rüstungswettlauf« im Kampf ums Überleben oder, besser, ein biologisches Wettrennen gemäß Darwins Evolutionstheorie: Sobald sich Kolonien mehrzelliger Tiere etabliert haben, wird es unter den Nachkommen unweigerlich Variationen geben, und die natürliche Auslese ist die Triebkraft bei der Entwicklung neuer Eigenschaften, zum Beispiel differenzierterer Sinnesapparate.

Es spricht einiges für eine universale Gültigkeit von Darwins Evolutionstheorie, ganz einfach, weil sie so überzeugend ist: Die Varianten, die im Kampf ums Dasein am besten zurechtkommen, werden überleben und fruchtbare Nachkommen zeugen.

Wir wissen jedoch nichts über die Existenz von Leben im Universum. Ohne Funde irgendeiner Art ist es zunächst eine Frage der Wahrscheinlichkeit. Und das Universum ist sehr groß. Aber auch wenn wir uns vorstellen können, dass Leben in unterschiedlichen Formen und Gestalten ein verbreitetes Phänomen ist, inwiefern können wir erwarten, intelligente Wesen zu finden? Oder anders gefragt: Was ist wahrscheinlicher, dass 1) lebende Organismen aus lebloser Natur entstehen oder dass 2) unter lebenden Organismen zu irgendeinem Zeitpunkt Bewusstsein entsteht?

Diese Frage (2) mag mindestens ebenso spekulativ wirken wie der Versuch, die Möglichkeiten für Leben im Universum zu berechnen (1). Denn wir haben doch wohl weder für das eine noch für das andere empirische Belege, oder?

Tja. Einige Erfahrung können wir vielleicht auf unserem eigenen Planeten sammeln. Hier hat sich Bewusstsein immer wieder als allgemeines oder »universales« Phänomen erwiesen. Unterschiedlichste Nervensysteme sind entstanden und haben sich mehr oder weniger unabhängig voneinander entwickelt.

Wenn einzelne Krähenvögel ein Erinnerungsvermögen und eine Fähigkeit zu bewusster Planung und Problemlösung besitzen, die sich mit der menschlichen vergleichen lassen, dann haben wir es mit parallelen Entwicklungslinien zu tun, die im Laufe von Jahrmillionen unabhängig voneinander entstanden sind. Wir müssen in der Evolution weiter zurückgehen, um einen gemeinsamen Anknüpfungspunkt für Vögel und Säugetiere zu finden. Wir müssen bis zu den ersten Reptilien zurückgehen, und unter denen gab es nicht viel Bewusstsein oder Verstand. Die Gehirne der Säugetiere sind deshalb auch ganz anders aufgebaut als ein Vogelgehirn.

Noch viel größer ist die evolutionsbiologische Entfernung – und der Sprung in der Zeit – zwischen Weichtieren und Säugetieren. Die Neurobiologie aber studiert die Nervenzellen des Tintenfisches, um die Nervenzellen des Menschen besser zu verstehen – und sein Bewusstsein. Dabei ist das Nervensystem des Tintenfisches ganz anders aufgebaut als das Nervensystem von Säugetieren und anderen Wirbeltieren. Es ist auf eine ganz andere Weise gebildet oder auf ganz andere Weise entstanden.

Ein Tintenfisch ähnelt wohl am ehesten einem Weltraumwesen (sic!) mit seinen drei Herzen, acht Armen und neun Gehirnen. Dieses spektakuläre Weichtier besitzt nämlich ein eigenes Gehirn für jeden der acht Arme, und dazu noch ein Zentralgehirn im Kopf. Aber die neun Gehirne sind eine Art Netzwerk aus Nerven und damit fähig, Informationen auszutauschen.

Gebt mir irgendeinen fruchtbaren Planeten mit einem Gewimmel von Lebewesen in den unterschiedlichsten Farben und Formen! Dort werden wir sicher auch jede Menge unterschiedlicher Formen von Bewusstsein finden.

Abgesehen von einer Reihe von Detailfragen sieht sich die Naturwissenschaft heute mit zwei großen Rätseln konfrontiert, nämlich der Frage, was im ersten Sekundenbruchteil des Universums passiert ist, und der Frage nach dem Wesen des Bewusstseins. Wir haben keinen Grund anzunehmen, dass es einen Zusammenhang zwischen diesen beiden großen Mysterien gibt. Aber ein solcher Zusammenhang kann auch nicht ausgeschlossen werden.

BERECHTIGTE FRAGEN

Wenn mich das Leben etwas gelehrt hat, dann dieses: Menschen sind Menschen sind Menschen. Unter einer dünnen Schicht kultureller Unterschiede denken wir gar nicht so unterschiedlich. Wir haben viele ähnliche Bedürfnisse und beschäftigen uns oft mit denselben philosophischen Fragen. Diese Fragen teilen sich in zwei Kategorien:

Da sind einerseits die naturwissenschaftlichen Fragen, auf die es vielleicht schon eine Antwort gibt, aber manche Antworten kennen wir noch nicht. Einige habe ich hier bereits erwähnt: Was war der Big Bang? Wie ist das Universum beschaffen? Ist es ein purer Zufall, dass es auf unserem Planeten bewusste Wesen gibt? Kann es sein, dass sich an mehreren Orten im Universum eine Art kosmisches Bewusstsein entwickelt hat? Ist ein solches universales Bewusstsein überall gleich, oder wäre es möglich, dass irgendwelche Lebewesen im Weltraum mehr vom Mysterium der Welt durchschauen als wir?

Aber was hat es für einen Sinn, solche Fragen zu stellen, wenn keine Antworten in Reichweite sind? Früher hätte man wohl gesagt, da könnte man ja auch gleich über die Rückseite des Mondes diskutieren.

Denn der Mond hat eine sogenannte gebundene Rotation, weshalb er der Erde immer dieselbe Seite zukehrt. Die Rückseite des Mondes blieb der Menschheit deshalb lange Zeit verborgen. Doch im Dezember 1968 trat Apollo 8 in die Umlaufbahn um den Mond ein, mit drei Astronauten an Bord, und seither ist die Rückseite des Mondes kein Geheimnis mehr. (Der Genauigkeit halber sollten wir erwähnen, dass die sowjetische Sonde Luna bereits im Jahre 1959 die ersten Aufnahmen von der Rückseite des Mondes gemacht hat.)

Aber die Frage nach der Rückseite des Mondes ist nur ein Beispiel. Es gab jede Menge große Rätsel, die heute gelöst sind:

Wie sieht es am Südpol aus? Warum sind die Berge im Himalaya so hoch? Wieso gleicht die Ostküste der amerikanischen Kontinente einem Puzzlespiel, dessen Teile perfekt zur Westküste von Europa und Asien passen? Warum kommt es zu Vulkanausbrüchen? Warum ist die Sonne heiß? Wie sind die Sterne entstanden? Und was passiert, wenn Sterne sterben? Was ist ein Komet? Gibt es Planeten außerhalb unseres Sonnensystems? Wie alt ist die Erdkugel? Wie sind die Atome entstanden, und woraus sind sie zusammengesetzt? Was ist Leben? Wie sind die vielen Tier- und Pflanzenarten entstanden? Was ist das Erbgut? Wie sind die Menschen entstanden? Warum werden wir krank? Wie entsteht eine Pandemie?

Früher waren das für die Menschheit große Mysterien, heute aber können wir auf all diese Fragen mehr oder weniger präzise Antworten geben. Ich finde es umwerfend, wie viel mehr wir über die Welt wissen als noch vor hundert Jahren.

Eine Voraussetzung dafür waren Menschen, die sich nicht

scheuten, von der »Rückseite des Mondes« zu fabulieren. Heute wird über ganz andere Fragen fabuliert, und am Ende dieses Jahrhunderts werden viele dieser menschlichen Erkenntnislücken gefüllt sein.

Die zweite Kategorie von Fragen besteht aus lebensphilosophischen Problemen, auf die es keine endgültige Antwort gibt, vielleicht nie geben wird, trotzdem kann es für Menschen wichtig sein, darüber nachzudenken.

Was ist ein gutes Leben? Wie sieht eine gerechte Gesellschaft aus? Was ist Liebe? Oder Freundschaft? Kann man zwei Menschen gleichzeitig lieben? Welche Verantwortung trage ich für meine Mitmenschen? Warum finden wir etwas schön, und was bringt uns dazu, etwas anderes hässlich zu finden? Was ist Vergebung, und wann ist es angebracht, jemandem zu vergeben?

Auch wenn es auf solche Fragen keine endgültige Antwort gibt, keine ewige oder allgemeingültige Antwort, so ist es doch wichtig, sie zu stellen. Wir können nicht erwarten, ein gutes Leben zu führen, wenn wir uns nicht fragen, was ein gutes Leben ausmacht. Wir können keine gerechte Gesellschaft aufbauen, ohne den Versuch, eine gerechte Gesellschaft zu definieren. Und beim Online-Dating werden wir nicht besonders viel erreichen, wenn wir uns nicht vorher überlegen, was Liebe ist.

Es gibt etwas, das Glück heißt, Glück als Gegenteil von Pech – Schwein gehabt, meine ich. Aber es gibt auch etwas, das Lebenskunst heißt. Bis zu einem gewissen Grad sind wir für unser eigenes Leben verantwortlich.

Als ich zur Schule ging, zur Grundschule und später aufs Gymnasium, kamen wir im Unterricht bisweilen auf ein Themengebiet, das der Lehrer »Ethik« nannte, und aus diesen Stunden wurden oft lange Diskussionen mit der ganzen Klasse. Wenn ich mich richtig erinnere, ging es dabei vor allem um Dinge, die wir *unterlassen* sollten, zum Beispiel andere Menschen zu verletzen oder sie auf irgendeine Weise zu schädigen.

Dürfen wir zum Beispiel zu einer Notlüge greifen, um einen Mitmenschen vor Trauer und Verzweiflung zu bewahren, oder müssen wir immer die Wahrheit sagen? Wir lasen Henrik Ibsens Theaterstück *Die Wildente* und diskutierten, ob es von Gregers Werle richtig war, seinen Jugendfreund mit der nackten Wahrheit zu konfrontieren, obwohl er damit dessen Leben zerstört.

Bei diesen langen Diskussionen in der Klasse konnte es zudem um Probleme gehen, die von unserem Alltag weit entfernt waren: Stell dir vor, du sitzt in einem Gefangenenlager und hundert Menschen sollen erschossen werden. Wenn du dich bereit erklärst, diese schreckliche Tat auszuführen, bleiben fünfzig verschont. Was wäre das moralisch richtige Verhalten?

Ich kann mich nicht erinnern, dass irgendein Lehrer uns gefragt hätte: Wozu willst du dein Leben nutzen, diese einmalige Chance, auf der Welt zu sein? Möchtest du etwas ganz Besonderes erreichen? Gibt es eine bestimmte Aufgabe, zu deren Lösung du gern beitragen würdest? Was würdest du am allerliebsten fertigbringen? Setzt euch in Gruppen zusammen und diskutiert darüber, wie ihr euch ein gutes Leben vorstellt.

Ihr könnt auch ein bisschen übertreiben, aber am Ende sollt ihr mindestens drei Ziele nennen, die ihr euch für euer Leben setzen könntet.

Uns wurde nicht beigebracht, die Verantwortung für unser eigenes Glück zu übernehmen. Ich bin in einem typisch protestantischen Land aufgewachsen, das zudem von den Idealen der Arbeiterbewegung geprägt war. Es war eine Kultur der Bescheidenheit, der Zurückhaltung und der Solidarität, und das sind wichtige Tugenden. Aber dazu kam das sogenannte »Gesetz von Jante«, wie es Aksel Sandemose formuliert hat: Du sollst nicht glauben, dass du etwas Besonderes bist. Du sollst dir nicht einbilden, du wärst besser als wir. Du sollst nicht glauben, dass du zu irgendetwas taugst …

Es schien beinahe ungehörig, sich hohe Ziele für das eigene Leben zu setzen. Solche Ziele passten nicht in das einfache Schema von richtig und falsch. Aber es braucht kein Widerspruch zu sein, das Beste für sich selbst zu wünschen und zugleich das Beste für andere. Ich würde sagen, im Gegenteil. Wer mit sich einigermaßen im Reinen ist, wird es leichter finden, anderen Menschen zu helfen, die ihr Leben in Unordnung gebracht haben und dadurch mit ihren eigenen Sorgen mehr als genug beschäftigt sind.

In unserem Kulturkreis waren es vor allem die alten Griechen, die sich die Frage stellten, was einen Menschen glücklich machen kann – oder was ein gutes Leben ist. Ich finde, das ist eine Frage, die sich alle Menschen stellen sollten.

Natürlich kommt es vor, dass wir einander Schaden zufügen. Wir treten einander öfter auf die Zehen, einfach weil wir dicht beieinander wohnen, oder sogar, wenn wir uns umeinander kümmern. Aber ich glaube, die meisten von uns laufen eher Gefahr, sich selbst zu schaden.

Also, liebe Enkelkinder, ich mache mir eher Sorgen darum, dass ihr euch selbst ein Bein stellt, als dass ihr Freude daran habt, anderen ein Bein zu stellen.

Im Gesetz von Kardemomme aus dem bekannten norwegischen Kinderbuch und Theaterstück heißt es:

Sei nie gemein zu anderen,
sei nett zu allen auf der Welt,
ansonsten kannst du tun,
was dir gefällt.

Das ist gut und schön, aber ein Wort in diesem Gesetz würde ich gern austauschen, und zwar im letzten Satz: »Ansonsten *sollst* du tun, was dir gefällt.« Auch das halte ich nämlich für eine moralische Pflicht. Du »kannst« dir nicht nur erlauben, zu machen, was dir gefällt, du »sollst« es tun. (Solange du andere dabei nicht schädigst …)

*

Vor vielen Jahren war ich einmal zu etwas eingeladen, was der Veranstalter als »philosophisches Jugendtreffen« bezeichnete, ein Auftritt vor großem Publikum. Es würde mit einem kurzen Gespräch auf der Bühne losgehen, danach wollte man das Publikum einbeziehen.

Bevor es losging, saß ich in einem Raum hinter der Bühne zusammen mit der Moderatorin, und ehe wir hinausgerufen wurden, plauderten wir über Gott und die Welt. Aber dann konzentrierte sie sich plötzlich, sah mich mit entschlossenem Blick an und fragte:

Wenn man mit jemandem zusammenlebt und sich dann in einen anderen Menschen verliebt, vielleicht ist dieser Mensch die »große Liebe« deines Lebens, was dann? Sollst du dann bei dem Mann bleiben, mit dem du seit vielen Jahren gut und harmonisch zusammenlebst? Oder sollst du auf dein Herz hören und der großen Liebe folgen?

Ich dachte, sie wollte uns sozusagen anwärmen, ehe wir auf die Bühne gingen, vielleicht sollte ich genau zu diesem Thema befragt werden, entweder zu Beginn von der Moderatorin selbst oder vom Publikum. Aber dann registrierte ich ein gewisses Zittern ihrer Mundwinkel und begriff, dass es eine sehr persönliche Frage war, dass es um ihr eigenes Leben ging, dass sie unter Gewissensqualen litt und die Gelegenheit nutzen wollte, sich Rat bei dem »Philosophen« zu holen, wenn sie schon einmal unter vier Augen mit ihm sprechen konnte.

Die Frage, die sie gestellt hatte, ist ja genau eine solche Frage, auf die es keine endgültige Antwort gibt, und ich kannte weder diese Frau noch ihren Mann noch ihren neuen Schwarm. Außerdem fühlte ich mich unbehaglich mit dieser Autorität, die sie mir offenbar zuschrieb. Aber gleich würden wir zusammen auf die Bühne müssen, und ich glaubte, ihr eine Antwort schuldig zu sein.

Sinngemäß habe ich wohl gesagt, wenn sie jetzt zu dem Schluss käme, »auf ihr Herz hören zu müssen«, wie sie sich ausdrückte, dann würde sie an der nächsten Wegkreuzung, wenn sich wieder eine Alternative bot, vielleicht dasselbe tun. Doch nun kam der Veranstalter, und wir gingen auf die Bühne.

Die Moderaterin hielt eine gut vorbereitete Einführung, riss einige Fragen an, auf die wir vielleicht noch zu sprechen kämen, und wir führten auf der Bühne ein kurzes Gespräch, ehe das Publikum zu Wort kam. Im Saal gab es mehrere Mikrofone, die zu denen gebracht wurden, die sich meldeten.

Bald wurde ich mit Fragen und Kommentaren zu naturwissenschaftlichen und lebensphilosophischen Problemen bombardiert, und in der zweiten Kategorie gab es auch eine Parallele zu der Frage, die mir die Moderatorin bereits hinter der Bühne gestellt hatte.

Ich wurde gefragt, ob ich an die »große Liebe« glaubte.

Das ist eine Frage, die mir überraschend oft gestellt wird, und vielleicht ist das gar nicht so seltsam, denn sie betrifft ja viele Menschen zutiefst, fast wie die Frage nach Leben und Tod.

Ich bejahte. Aber ich betonte zugleich, dass ich nicht glaube, dass diese »große Liebe« etwas ist, worüber man stolpert oder in das man unversehens hineingerät. Sie ist nicht wie ein Lottogewinn, und sie fällt auch nicht vom Himmel, fix und fertig, wie im Märchen.

Wie bei allen Beziehungen zwischen Menschen ist die Liebe ein Prozess, bei dem man selbst tätig werden muss. Bis zu einem gewissen Grad sind wir auch für unser Liebesleben verantwortlich. (Das ist leichter gesagt als getan, das ist mir schon klar. Aber das habe ich nicht gesagt.)

*

Autorinnen und Autoren werden gern spitzfindige Fragen zu ihren Büchern gestellt, und dabei kann es dann um Dinge gehen, an die sie beim Schreiben kaum gedacht haben. Manche Fragen werden so oft wiederholt, dass ich nur lächeln kann, wenn sie auftauchen.

Zum Beispiel: Warum ist die Hauptperson in *Sofies Welt* ein Mädchen?

Ich habe diese Frage immer besonders komisch gefunden und werde trotzdem nie müde, sie zu beantworten. Die Fragenden sind oft richtig stolz auf ihre Originalität, sie wissen ja nicht, dass ich diese Frage schon so oft gehört habe.

Einige Male habe ich mit einer Gegenfrage geantwortet: Warum nicht? Oder: Warum soll es denn kein Mädchen sein?

Manchmal habe ich erzählt, dass ich ein Jahr vor *Sofies Welt* am *Kartengeheimnis* geschrieben habe, einer Geschichte über Vater und Sohn, also wurde es ein Jahr später eben ein Mädchen.

Dieser Umstand ist aber nicht von besonderer Bedeutung. Die Heldin in meinem Roman über Philosophie konnte eigentlich nur ein Mädchen sein. Sofie, vom griechischen *Sophia,* bedeutet »Weisheit«. Das ist in der griechischen Tradition ein weiblicher Begriff, von dem das Wort Philo-Sophie abgeleitet ist, und das bedeutet seit Platons Zeiten »Liebe zur Weisheit. Auch in der Kirchengeschichte, vor allem in der Urkirche und in der späteren orthodoxen Kirche, war Gottes Heilige Weisheit, die *Hagia Sophia,* ein zentraler Begriff, der auch im Namen der riesigen Kirche in Konstantinopel, dem heutigen Istanbul, überliefert ist.

Athene, die griechische Göttin der Weisheit, und die römische Minerva sind weibliche Personifikationen der Weisheit. Und im germanischen Volksglauben haben wir die »weisen Frauen«.

Aber warum wurde Weisheit als weibliches Prinzip betrachtet? Ich habe darüber oft spekuliert, zusammen mit Menschen, die mir begegnet sind, hier zu Hause und überall auf der Welt.

Viele Frauen finden es überaus wichtig, *zu verstehen,* und darum geht es doch in der Philosophie, während viele Männer lieber *verstanden werden* wollen, und das muss man fast als das Gegenteil von philosophischer Aktivität betrachten.

Daraus ergibt sich eine sehr berechtigte weitere Frage: Welchen Grund kann es dann haben, dass es so viel mehr Philosophen gibt als Philosophinnen?

In der Geschichte hat es durchaus Philosophinnen gegeben. Allerdings wurden sie in der jahrhundertelang männlich dominierten Kultur nicht anerkennt, und ihre Lehren wurden nicht weitervermittelt. Frauen waren als Geschlecht und damit auch als intellektuelle Wesen unterdrückt. Es ist noch nicht lange her, dass Frauen an der Universität nicht studieren durften. Erst 1884 wurde in Norwegen ein Gesetz erlassen, das Frauen das Studium an der Universität Oslo erlaubte.

Natürlich gibt es auch etliche männliche Philosophen, denen es wichtiger war, verstanden zu werden, als zu verstehen. Die haben dann vielleicht als »Philo-Soph« ihr Thema verfehlt.

Sokrates – in Platons Augen der Inbegriff des Philosophen – hat gesagt, er wisse nur, dass er nichts wisse. Seine Lehre über den Eros habe er von der gelehrten Diotima erhalten.

Das Gegenteil davon waren die sogenannten *Sophisten,* die mit ihrem Wissen prahlten und gegen gute Bezahlung lange belehrende Vorträge hielten.

Hier in Norwegen haben wir ein hervorragendes Beispiel für einen solchen Gegensatz in der letzten Szene von Henrik Ibsens *Nora oder ein Puppenheim.* Da wird deutlich, dass es für Nora lebenswichtig ist, ihren Mann Torvald zu verstehen und zu begreifen, was eine Ehe ausmacht. Darüber hinaus versucht sie, sich selbst, die Religion und die Bedeutung des Menschseins zu verstehen. Ebenso deutlich wird in dieser Szene, dass Torvald keinen entsprechenden Versuch unternimmt, Nora zu verstehen oder zu begreifen, was mit ihrer Ehe nicht stimmt. Aber er macht mehrere Versuche, sich zu erklären.

Ich habe einige Male erlebt, dass Männer die Augen niederschlugen, wenn ich darauf zu sprechen kam. Aber ich weiß nicht, ob es daran lag, dass sie sich ertappt oder im Gegenteil zu Unrecht kritisiert fühlten. Mir fiel jedoch auf, dass manche Frauen mit leuchtenden Augen und breitem Lächeln dabeisaßen.

Deshalb muss ich vielleicht darauf hinweisen, dass ich mit diesem Beispiel nicht die Natur des Mannes oder der Frau beschreiben wollte. Mir sind natürlich auch viele von sich überzeugte und besserwisserische Frauen über den Weg gelaufen, denen es nur darum ging, ihrer eigenen Meinung Gehör zu verschaffen. Und mir sind Männer begegnet, die wahre Wahrheitssucher waren, echte »Philo-Sophen«.

Die menschliche Natur reicht tiefer als solche Pauschalurteile über Mann und Frau.

*

Ein typischer menschlicher Charakterzug ist sicher die Eitelkeit. Der Wunsch, von anderen gemocht zu werden, gesehen, geliebt – und dann auch in der Erinnerung von anderen weiterzuleben, muss als ganz natürlich betrachtet werden. Wir finden diese Eigenschaft in uns allen wieder.

Von der Selbstherrlichkeit würde ich nicht dasselbe sagen. Nicht alle Menschen sind selbstherrlich. Aber ich fand es immer lustig, selbstherrlichen Menschen zu begegnen. Sie bilden zumindest in ihren eigenen Augen den natürlichen Mittelpunkt, sie können eine richtige Show abziehen, und oft können sie auch gute Geschichten erzählen (über sich selbst).

Einmal ist mir in London ein Prachtexemplar dieser Art begegnet, der Trottel war ein bekannter Schriftsteller. Wir trafen uns in einer Bar, zusammen mit Leuten aus unseren Verlagen, die sich offenbar von früher kannten, und setzten uns an einen großen runden Tisch, ich glaube, wir waren insgesamt acht.

Der berühmte Schriftsteller war der Mittelpunkt, der einzige Pol dieses runden Magneten, etwas anderes hätte er keinesfalls akzeptiert, und die anderen, die mit ihm zusammen gekommen waren, vielleicht auch nicht.

Er lächelte und lachte, aber er ließ sich auf kein richtiges Gespräch ein. Er wollte mit uns spielen, und bald legte er seinen Köder aus.

Er wollte wissen, wer unsere Lieblinge unter Shakespeares Gestalten seien, und fing mit seiner Fragerunde bei der Frau links neben ihm an. Er selbst saß sozusagen am Kopfende, keine schlechte Leistung, wenn der Tisch nun einmal kreisrund ist.

Viele Shakespeare-Gestalten wurden genannt – und diese Entscheidungen wurden überzeugend begründet. Eine Regel bei diesem Gesellschaftsspiel war, dass dieselbe Person nicht zweimal genannt werden durfte, für ein gebildetes Londoner Publikum keine große Herausforderung. Da Hamlet und Macbeth bereits vergeben waren, entschied ich mich für Prospero aus dem *Sturm,* Shakespeares vermutlich letztem Schauspiel.

Als wir wieder am Ausgangspunkt, also am Kopfende des runden Tisches angekommen waren, lächelte der Meister und klimperte mit den Augen.

Aber, fragten wir, wer sei denn nun sein Liebling unter Shakespeares Gestalten?

Er lachte schallend, ein wenig spöttisch. Überlegt doch mal, sagte er nachsichtig. Ich bin ja selbst Dichter. *Ich* kann unter Shakespeares Gestalten doch keinen Liebling haben. Er sagte nicht, er *sei* Shakespeare, aber so hat er es wohl gemeint. Und wir waren ihm auf den Leim gegangen.

Ich wiederhole aber gern noch einmal, dass ich mich in der Gesellschaft selbstherrlicher Menschen auch amüsiere, und dieser Prahlhans war da keine Ausnahme.

Wir leben hier ein paar kurze kosmische Sekunden lang zusammen, und dann gibt es für einige kein größeres Vergnügen, als sich vor anderen aufzublasen. Als ob es keinen Tod gäbe. Als ob es keine Sterne gäbe. Als ob es keine Armut und keine Not gäbe.

Ich finde das komisch. Aber es hat auch etwas Rührendes, etwas Unbeschwertes und Kindliches.

*

Welche Werte sind die wichtigsten im Leben? Auch in dieser Frage habe ich eine gewisse globale Übereinstimmung erlebt. Kein Wunder, denn Menschen sind eben Menschen.

Wenn ich die Gesundheit als fundamentalen Wert nenne, wird aus allen Himmelsrichtungen genickt, Gesundheit ist ja eine Voraussetzung für fast alle anderen Werte. Etwas zu essen auf dem Tisch, Familie und Freunde – da nicken alle. Für die allermeisten von uns ist es außerdem von großer Bedeutung, jemanden zu lieben, geliebt zu werden und ein Liebesleben zu haben. Auch da wird genickt und sogar verständnisinnig gelächelt.

Aber sobald ich auf Naturerlebnisse oder auf die unberührte Natur als wesentlichen Wert im Leben komme, ist Schluss mit dem Einverständnis. Manchmal wurde ich sogar unterbrochen: »Ach … meinen Sie wirklich? Das ist ja interessant.« Da merke ich dann, dass ich Norweger bin. Ich verzichte deshalb darauf, von tiefen Wäldern, üppigen Gebirgslandschaften und herausfordernden Gipfeltouren zu erzählen.

Mir sind Menschen begegnet, die sagen, dass sie niemals einen Sternenhimmel oder auch nur ein einziges wild lebendes Tier in der Natur gesehen haben, abgesehen von Vögeln, Eichhörnchen und vielleicht einem Reh in einem Wildpark. Sie glauben auch nicht, dass ihnen etwas entgangen ist. (Ich finde das ein wenig unheimlich oder sogar bedrohlich. Wird sich die Menschheit daran gewöhnen, ohne Natur zu leben?)

Ein anderer in Norwegen oder Skandinavien geschätzter Wert ist die Gleichstellung der Geschlechter oder jedenfalls das Ideal von Gleichstellung.

In den 70er-Jahren war es mitunter gar nicht so leicht, ein

junger Mann zu sein, denn damals kam es im Laufe weniger Jahre zu radikalen Veränderungen. Die meisten Männer würden heute aber wohl sagen, dass sie ein reicheres Leben führen, als es ihnen ohne die Frauenbewegung und den Kampf um Gleichberechtigung möglich gewesen wäre.

Auch hier stellt sich die Frage, was uns im Leben mehr wert ist – endlose Vorstandssitzungen oder das Zusammensein mit den eigenen Kindern.

Ich erinnere mich noch an die Bemerkung eines anderen Vaters, in den 80er-Jahren, auf der Treppe des Kindergartens. Der Mann wirkte total gestresst, und dann rutschte es ihm heraus: »Meine Güte, frisst das viel Zeit, wenn man Kinder hat!«

Ohne dass ich lange darüber nachdenken konnte, rutschte auch mir meine Antwort heraus: »Ja«, sagte ich. »Das Leben frisst eben viel Zeit.«

Kann man verschiedene Werte im Leben aneinander messen oder miteinander vergleichen? Ich glaube nicht, dass es so einfach ist. Aber ab und zu versuche ich mir vorzustellen, welche Überlegungen ein Mensch in diesem Zusammenhang wohl auf dem Sterbebett anstellt.

Ich glaube nicht, dass viele dann bereuen, nicht noch mehr Fernsehserien gesehen zu haben. Aber das bedeutet ja nicht, dass das völlig wertlos wäre. Einen Film im Fernsehen zu sehen kann überaus unterhaltsam und entspannend sein.

Ich weiß auch nicht, ob viele sagen würden, sie hätten gern mehr Romane gelesen oder mehr Konzerte besucht. Schon eher kann ich mir vorstellen, dass ich es bereuen würde, nicht noch mehr Bergwanderungen gemacht zu haben.

Bei dieser Art von Bewertungen gibt es zwischen Menschen große Unterschiede. Ich selbst kann eine Leidenschaft für Golf, Bowling, Reiten oder Hundehaltung nicht so ganz nachvollziehen. Aber ich bemerke, dass solche Aktivitäten für andere zu ihrem wichtigsten Lebensinhalt gehören.

Ganz andere Dinge könnte ein Mensch bis in den Tod hinein bedauern: Dass ich keinen Kontakt zu einem alten Freund aufgenommen habe. Dass ich mir nicht die Zeit genommen habe, weitere Freundschaften zu pflegen oder mehr mit meinen Eltern oder Kindern zusammen zu sein. Dass ich dieser oder jenem nicht verziehen habe. Dass ich einen bestimmen Menschen im Stich gelassen habe.

Aber auch: Dass ich mich selbst nicht ernster genommen habe. Dass ich meine Talente nicht genutzt habe.

Oder: Dass ich nicht mehr Lebenszeit der Arbeit für Flüchtlinge oder den Ärmsten auf der Welt gewidmet habe. Dass ich mich nicht stärker im Kampf gegen den Klimawandel engagiert habe.

ABENDGLÜHEN

Ihr Lieben alle, jetzt ist der Juni gekommen, und wir können uns bald in der Hütte treffen.

Ich sitze in einem der knallbunten Sessel auf der neuen Terrasse. Ich habe den Laptop auf den Knien, und wenn ich nicht darauf herumklimpere, schaue ich zum Abendglühen im Nordwesten hinüber.

Aber jetzt lege ich eine kleine Pause ein, denn jetzt kommt eure Großmutter aus dem Erdgeschoss herauf, mit zwei Gläsern und einer Karaffe mit frisch gepresstem Orangensaft und klirrenden Eiswürfeln.

Die Sonne ist schon vor über einer Stunde untergegangen, aber noch immer zeigt das Thermometer fast zwanzig Grad.

Der offene Brief an euch hatte einen roten Faden, den ich nicht vergessen habe und dem ich bis zum Schluss folgen will. Aber er hat auch einen *losen* Faden, und den will ich zuerst aufwickeln.

Im ersten Kapitel habe ich von einem Erlebnis in meiner Kindheit erzählt, das mir noch immer in den Knochen steckt, fast, als wäre es erst gestern passiert: Das Gefühl, auf dieser märchenhaften Welt nur kurz zu Besuch zu sein.

Aber dann, irgendwann gegen Ende meiner Teenagerzeit, erfuhr ich eine Art Gegengewicht zu diesem verletzlichen Lebensgefühl, das mich als Kind oft belastet hatte, es war das eher versöhnliche Erlebnis, ein Teil von etwas Größerem zu sein, von etwas, das mich überleben würde. Ich habe euch davon erzählt, es war an einem frühen Morgen, nachdem ich mich im Wald verkrochen und unter freiem Himmel geschlafen hatte.

Ich hatte mich von zwei knallroten Marienkäfern mit schwarzen Punkten auf den Flügeln begeistern lassen, von ein paar winzigen Spinnen, die kleiner waren als der Nagel eines kleinen Fingers, und einigen hyperaktiven Ameisen, auch sie von der allerkleinsten Sorte – und dann war es auf einmal, als fiele etwas ab von mir.

Was sich löste, war der stramme Zugriff, den ich auf mich selbst gehabt hatte, und plötzlich ergab ich mich meiner Umgebung, dem, was in früheren Zeiten manchmal »Allnatur« genannt worden war, ein Begriff, der eine gewisse Beseelung der Natur andeutet, also eine Art Pantheismus.

Aber warum hatte ich die Zivilisation überhaupt verlassen und mich im Wald verkrochen? Gab es etwas, was mich unten in der Stadt in Fesseln gehalten hatte, sobald ich in die freie Natur kam, aber fast sofort verschwunden war?

Ich glaube, ich muss euch jetzt etwas mehr von dieser Geschichte erzählen, die ganze Geschichte verrate ich euch nicht, und es kann auch sein, dass ich ein wenig flunkern werde.

Ich hatte ein Mädchen getroffen. Oder besser, ich hatte ein Mädchen kennengelernt, sogar recht gut kennengelernt. Ich war damals achtzehn, und sie war fast ein Jahr jünger, also zu der Zeit, als ich alles stehen und liegen ließ, mit dem besten Gewissen der Welt Schule schwänzte und mich im Wald verkroch. Ich hatte mich sehr in ein Mädchen verliebt, es wäre richtiger, das so zu sagen.

Aber ich muss noch ein bisschen weiter in der Zeit zurückgehen. Als ich dieses Mädchen zum allerersten Mal sah, war ich erst siebzehn, wie Leo heute, und sie war sechzehneinhalb. Aber schon damals, innerhalb weniger Sekunden, wusste ich, dass das die Frau meines Lebens war. Wenn ich in diesem Zusammenhang in einem Punkt ganz sicher bin, dann darin, dass ich genau das dachte: Schau an, dachte ich, da sitzt die Frau meines Lebens. (Sie saß hinter einem großen Tisch.)

Es war ein komischer Einfall, ein bizarrer Impuls, eine Art innerer Versprecher, denn es geht hier um ein Mädchen von sechzehn Jahren, nur ein Jahr älter als Aurora jetzt. Aber das spielte keine Rolle. Mir war ganz einfach klar – nach einer Bekanntschaft von ein paar Sekunden –, sie war die Frau meines Lebens. (Innerhalb dieser Sekunden kaufte ich bei ihr einen Mitgliedsausweis für den »Gymnasiumsverein«, in dem sie die Kassiererin war. Auf diese Weise erfuhr sie gleich meinen Namen.)

Sie war so … splendid.

Weitere Adjektive brauche ich nicht. Je weniger, desto besser, und dieses lateinische Lehnwort muss reichen, ihr könnt ja in einem Wörterbuch seine ursprüngliche Bedeutung nachschlagen. (Ich besuchte damals den Leistungskurs Latein in der Osloer Katedralskole: *splendidus, splendida, splendidum …*)

Aber ich kann noch etwas Wichtiges hinzufügen: Ich hatte vom ersten Augenblick an das Gefühl, sie zu *kennen.* Woher dieses Gefühl kam, weiß ich nicht, aber ich war sicher, dass sie die Art Mensch war, die sich genau solche Gedanken machte, wie ich sie gern denke, obwohl wir nur ein paar Worte gewechselt hatten. (Und dabei glaube ich doch gar nicht an Gedankenübertragung!)

Sie hieß Siri, das schnappte ich einige Minuten später auf.

Wir waren fast sofort vertraut miteinander, und im Jahr darauf hatten wir denselben Freundeskreis, trafen uns regelmäßig in diesem Gymnasiumsverein, wir waren auf Festen und Hüttentouren und sogar in der Hütte am Hengsen. Es gab nur einen nicht unbedeutenden Nachteil: Sie war bereits »vergeben«, wie man damals sagte. Sie war mit einem anderen zusammen, und der war ebenfalls Mitglied in diesem Verein, war bei den Festen und Hüttentouren dabei – und am Hengsen. Er war einfach immer dabei, dieser unverschämte Kerl! Daran ließ sich nichts ändern. Aber ich hielt fest an der Überzeugung, dass ich die Frau meines Lebens gefunden hatte. Ein seltenes Mal dachte ich sogar, dass wir früher oder später vielleicht doch noch zusammenkommen würden.

Nun habt ihr natürlich längst begriffen, dass dieses Mädchen eure Großmutter war. Oder richtiger, sie ist eure Großmutter, sie wurde zu eurer Großmutter, die vor einer Stunde mit frisch gepresstem Orangensaft hier auf der Terrasse stand.

Mehr von dieser Geschichte werde ich euch hier und jetzt nicht erzählen. Aber nun kennt ihr den Grund, warum ich mitten in der Woche aus der Stadt abgehauen bin und mich im Wald verkrochen habe. Ich wollte allein sein. Und wenn die Geschichte damit aufgehört hätte, wenn zum Beispiel die fixe Idee von der »Frau meines Lebens« vor der sinnlichen Erfahrung des Waldes verblasst wäre oder wir auseinandergegangen wären, lange ehe es uns gelungen war, richtig zusammenzukommen, dann würde ich jetzt nicht auf dieser Terrasse sitzen und diese Zeilen an euch schreiben. Dann würde es Leo, Aurora, Noah, Alba, Julia und Máni nicht geben.

Es gäbe Leo, Noah, Aurora, Alba, Julia oder Máni einfach nicht. Die Welt würde ein bisschen anders aussehen – denn ein oder zwei Menschen können einen gewaltigen Unterschied machen –, und ihr sechs wäret überhaupt nicht auf der Welt. Stellt euch das bloß mal vor!

Es ist nicht einfach, sich vorzustellen, wenn irgendetwas in der Vergangenheit nur ein kleines bisschen anders gewesen wäre – weil unsere Mutter oder unser Vater zum Beispiel einen Bus oder eine U-Bahn verpasst hätten –, dann würden wir nicht hier sein. Wir wären nicht auf die Welt gekommen. Die Welt wäre da – aber ohne uns.

Ebenso ist es für viele von uns schwierig, sich vorzustellen, dass wir eines Tages nicht mehr auf der Welt sein werden. Die Welt wird weitergehen – aber ohne uns.

Es ist fast unmöglich, sich die eigene Nicht-Existenz vorzustellen, und diese Kunst beherrschen vielleicht nur einige ganz wenige Menschen.

Ich habe es immer schon unbeschreiblich sonderbar gefunden, hier zu sein, also, auf der Welt zu sein, zu leben. Mein

Leben lang versuche ich schon, dieses Erlebnis in Worte zu fassen, und ich weiß nicht, ob mir das je gelungen ist, aber man kann nicht behaupten, ich hätte es nicht versucht.

Als Kind habe ich mich von den Erwachsenen im Stich gelassen gefühlt, weil sie nicht zugeben wollten, dass es sonderbar ist, dass es die Welt gibt und wir uns hier befinden. Die Welt sei »normal«, beteuerten sie. Aber etwas in mir widersprach: Das ist wirklich eine sonderbare Vorstellung, hätten sie sagen können. Sie hätten sogar zugeben können, dass es ein bisschen geheimnisvoll ist. Oder total wahnsinnig, verrückt …

Als ich älter wurde, konnte ich mich besser ausdrücken, und vielleicht war es meine Rache an den blasierten Erwachsenen, dass ich Schriftsteller geworden bin. Ich hatte mir geschworen, niemals ein Mensch zu werden, dem die Welt selbstverständlich ist. Ich hatte mir versprochen, niemals »der Welt gewiss« zu werden.

Aber ich fand es immer fast mindestens ebenso schwierig, das Gegenteil, also nicht mehr zu sein, in Worte zu fassen. Wir sind jetzt hier, nur dieses eine Mal. Gerade wir! Und wir kommen nie wieder zurück.

Das erfuhr ich an dem Tag, an dem ich die Welt gewissermaßen zum ersten Mal erlebte, ich glaube, es war ein Sonntag. Davon habe ich euch erzählt. Ich kam wie in einer Zauberwelt zu mir, und die Strafe für diese Erkenntnis war, dass ich zugleich einsehen musste, ich würde eines Tages auch sterben müssen. Nun ist dieser Tag ein bisschen näher gekommen. Ich denke manchmal daran, wenn ich zum Abendglühen im Nordwesten hinüberschaue.

Gibt es etwas, was die Trauer um den Verlust unserer eigenen Existenz ausgleichen kann? Gibt es überhaupt irgendetwas, was diesen Verlust ausgleichen oder aufwiegen kann? Diese Frage betrifft uns alle, junge wie alte Menschen, und ich glaube, es gibt viele verschiedene Antworten darauf. Ich kann nur für mich selbst antworten:

Wenn ich die Wahl hätte, entweder hier und jetzt zu sterben, aber mit der Gewissheit, dass die Menschheit und die biologische Vielfalt auf diesem Planeten für unabsehbare Zeit unversehrt bleiben würden, oder aber selbst bei guter Gesundheit weiterzuleben und über hundert Jahre alt zu werden, jedoch auf einem kränkelnden Planeten mit einer düsteren Zukunft – dann würde ich nicht zögern. Ich würde meinen Hut nehmen und das Hier und Jetzt verlassen, und ich würde es mit der größten Selbstverständlichkeit tun, nicht als Opfer oder als Pflicht, sondern um etwas von meinem eigenen Wesen zu retten, von mir und dem, was mich ausmacht.

Diese Überzeugung hat nichts mit Alter oder meiner aktuellen Lebensphase zu tun, denn ich habe vor über einem Vierteljahrhundert schon genauso gedacht. Mein Heimatrecht auf der Erde ist ein Anerbenrecht. Das behalte ich, auch wenn meine Weltbürgerschaft mit gültigem Pass und allem anderen längst abgelaufen ist.

Für mich geht es bei dieser Frage um *Identität*, also darum, wer ich bin. Denn ich bin nicht nur dieser Körper, der gerade jetzt hier draußen auf der Terrasse sitzt und in einer dunklen Juninacht auf dem Computer schreibt. Mich nur damit zu identifizieren erscheint mir zu schwach und oberflächlich, irgendwie falsch. Ich finde, ich repräsentiere etwas, das mehr und mächtiger ist. Ich *bin* etwas, das mehr und mächtiger ist.

Und das war mein roter Faden in diesem Brief an euch. Meine Hoffnung ist, dass auch ihr lernen werdet, euch mit einem größeren Ich zu identifizieren, mit dem Planeten selbst, der euch dieses Leben geschenkt hat und auf dem ihr lange leben sollt.

Viele von uns schaudert es, wenn sie daran erinnert werden, dass wir nicht ewig leben, dass wir uns selbst nur geliehen sind, dass wir einander nur geliehen sind. Der Gedanke kann uns eiskalt durchfahren, einige nur in einem seltenen Moment, während er für andere das ganze Lebensgefühl prägt.

Auf dieselbe Weise versetzt es mir einen Schock, wenn ich daran denke, was wir unserem Planeten im schlimmsten Falle antun werden.

Es wäre etwas leichter, das Hier und Jetzt zu verlassen, wenn wir einigermaßen sicher sein könnten, dass die biologische Vielfalt und die Lebensgrundlagen auf diesem Planeten gesichert wären. Im Moment spielen wir Vabanque mit unserer eigenen Identität, mit dem Tiefsten in uns selbst. Denn wenn wir Gesundheit und Vielfalt dieses Planeten reduzieren, dann reduzieren wir uns selbst.

Ich bin, glaube ich, kein Pessimist, ich habe es ja schon gesagt: Pessimismus ist nur ein anderes Wort für Faulheit. Ich bin aber auch nicht unbedingt ein Optimist. Denn dann hat man sich sozusagen gegen die Realitäten des Lebens verbarrikadiert.

Zwischen diesen beiden Extremen – die vielleicht in erster

Linie Beschreibungen für Gemütszustände sind – gibt es die *Hoffnung*. Und Hoffnung ist etwas anderes und mehr als eine Frage des Temperaments. Hoffnung ist eine kämpferische Kategorie. Hoffnung setzt einen Glauben an das voraus, auf das man hoffen kann.

Und damit beende ich diesen Brief an euch, Leo, Aurora, Noah, Alba, Julia und Máni. Wir haben viele Gründe, für eine bessere Welt zu kämpfen. Und wir haben viele gute Gründe, an eine bessere Welt zu *glauben*.

Wie seht ihr das?

Und wie sieht es überhaupt auf diesem Planeten aus, am Ende des 21. Jahrhunderts?